为中华之崛起而读书

周恩来励志故事

周恩来纪念馆 编著

人民日报出版社
北京

图书在版编目（CIP）数据

为中华之崛起而读书：周恩来励志故事 / 周恩来纪
念馆编著 . -- 北京：人民日报出版社，2024.1
ISBN 978-7-5115-8126-6

Ⅰ . ①为… Ⅱ . ①周… Ⅲ . ①周恩来（1898-1976）
-生平事迹-青少年读物 Ⅳ . ① K827=7

中国国家版本馆 CIP 数据核字（2023）第 248197 号

书　　名：为中华之崛起而读书：周恩来励志故事
　　　　　WEI ZHONGHUA ZHI JUEQI ER DUSHU：ZHOUENLAI LIZHI GUSHI
作　　者：周恩来纪念馆
出 版 人：刘华新
特约编辑：王晓彩　　战崇坤
责任编辑：张炜煜　　贾若莹　霍佳仪
封面设计：孙　波　　张凡凡

出版发行：人民日报出版社
社　　址：北京金台西路 2 号
邮政编码：100733
发行热线：（010）65369509　65369512　65363531　65363528
邮购热线：（010）65369530　65363527
编辑热线：（010）65369514
网　　址：www.peopledailypress.com
经　　销：新华书店
印　　刷：北京永诚印刷有限公司
法律顾问：北京科宇律师事务所 010-83622312

开　　本：710mm×1000mm　1/16
字　　数：60 千字
印　　张：17
版次印次：2024 年 2 月第 1 版　2024 年 2 月第 1 次印刷

书　　号：978-7-5115-8126-6
定　　价：58.00 元

序言

1月8日是一个让人刻骨铭心的日子，在最寒冷的冬天我们怀念着一位最温暖的人。恰好在今年的1月8日，我收到中国中共文献研究会周恩来思想生平研究分会秘书长李清平发来的微信，他告诉我《为中华之崛起而读书：周恩来励志故事》已编辑完成，准备付梓出版。这让沉浸在缅怀心境中的我感到特别欣慰。

我知道这部书稿的编辑策划是各方面共同努力的结果，是在周恩来身边工作人员赵炜、高振普、纪东，亲属周秉德等前辈的支持、鼓励下完成的。书稿从策划、编写、配图等各个方面全面贯彻了党的二十大精神，是一部学习老一辈革命家精神风范，弘扬中华民族传统美德的书稿。从内容来看，这部书稿不仅是面对周恩来班学子的读物，更是面对全国青少年的读本。全书选择了体现周恩来青少年时期养成的好学不倦、知恩图报、自强自立、节俭朴素、全面发展等方面优秀品格的典型故事，以及周恩来结合中国传统文化的美德和共产党人的优秀品格形成的新型家风对晚辈进行教育的感人故事。这些故事，对今天青少年优秀品格的培养和形成仍有重要启迪和教育意义。从形式上讲，这部书稿图文并茂，有精彩纷呈的故事，有配图、有题词手迹等，是青少年喜闻乐见的形式。可以说，这种形式完全是从青少年读者的需求出发的。这正是编者策划过程中的匠心所在。

感谢编辑单位对我的厚爱和信任，邀请我做本书的特邀主编。因为一辈子从事周恩来研究工作，我对书稿的内容很熟悉，但当我手捧书稿，重新读下来，依然感到新鲜、亲切，感受到思想的厚度和内容的丰富。

这部书稿能够成功推出，要感谢位于淮安周恩来家乡的周恩来纪念馆的大力支持，感谢祁素娟局长在繁忙的工作中亲自担任主编，为书稿把关；要感谢张莹女士，她20多年致力于校园文化建设，在实践中不懈探索，这部书稿从策划到组织编写、绘画都浸透了她的心血；要感谢大鸾翔宇慈善基金会理事长沈清先生，他工作很忙，但一直非常关心这部书稿并提出宝贵意见；要感谢人民日报出版社对这部书稿的编辑和出版工作的重视。我想，如果没有方方面面尽心努力，没有大家对周恩来等老一辈革命家的深厚感情，没有大家对国家、对青少年的责任感，这部书稿是很难成书的。作为一名长期从事周恩来研究的老兵，我深受感动，这也是我积极参与其中的重要动力。

希望这部书稿能够得到读者的肯定、孩子们的喜爱，在校园文化传播中发挥应有的作用。

中国中共文献研究会
周恩来思想生平研究分会第一任会长

廖心文

2024 年 1 月 8 日

目录

第一部分　系好人生第一粒扣

壹　好学不倦

第二部分 少年强则中国强

第三部分 箴言启迪青春路

第一部分

系好人生第一粒扣

壹 好学不倦

嗣母陈氏教周恩来写字

文化启蒙

在江苏北部京杭大运河与淮河的交汇点，有一座古老的城市——淮安。淮安的历史文化底蕴深厚，西汉军事家韩信、明朝大文学家吴承恩、清朝爱国名将关天培等都是淮安人。淮安有"进士之乡"之称。

1898 年 3 月 5 日，周恩来出生在这座城内驸马巷的一所宅院里。

周恩来的祖父周起魁，祖居浙江绍兴，到淮安当师爷，并定居在淮安。周起魁曾任淮安府山阳县知事、江苏候补同知、海州直隶州知州等职。周起魁 50 多岁时去世，从这时开始，周家日渐衰败。

周恩来幼年时小名大鸾。不满半岁时，他最小的叔父、新婚不久的周贻淦病危，因为中国封建社会"无后为大"的传统观念，周恩来的父母将在襁褓中的大鸾过继给他，使周贻淦在弥留之际得到安慰，也使他的妻子陈氏在周家有所寄托。

陈氏出生在一个比较贫寒的读书人家庭，性格温和，待人诚挚，办事细心，在诗文书画上都有较好的修养。她因为年轻

江苏淮安周恩来故居正门

守寡，从不外出，把全部感情和心血都倾注在对大鸾的抚养和教育上。大鸾4岁时，在嗣母陈氏的教育下，开始认字和背诵唐诗。

大鸾5岁时，进家塾读书，正式取学名恩来，字翔宇。

此后几年间，周恩来先后读了《三字经》《千字文》《神童诗》以及《大学》《论语》《孟子》《中庸》《诗经》中的一些篇章。这些凝聚着中华民族传统文化的书籍，虽然他不能全部读懂，但对他却是最早的文化启蒙。

陈氏对周恩来要求严格，每天黎明时刻就叫他起床，教他读书。嗣母的教育，对幼年周恩来的性格形成和文化修养，影响非常深刻。后来，他曾深情地说："直到今天，我还得感谢

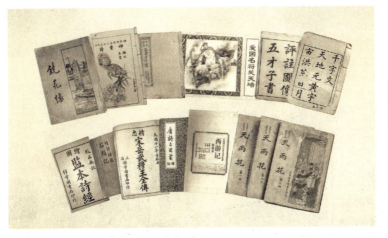

母亲的启发。没有她的爱护，我不会走上好学的道路。"

　　1904年，6岁的周恩来和弟弟随父母、嗣母到清河县清江浦镇外祖父家居住，并在家塾中读书。外祖父家藏书很多，使周恩来能大量地自由阅读。

　　在外祖父家时，嗣母常给大鸾讲述梁红玉、岳飞等民族英雄的故事，令他"辄绕膝不去，终日听之不倦"。在嗣母的引导下，他从8岁开始阅读小说《西游记》《水浒传》《三国演义》《红楼梦》等。后来他还到表舅龚荫荪的家塾里读书。龚荫荪是当时的革新派人物，常向周恩来介绍新思想和时事政治知识，使周恩来的思想进一步升华。

　　幼年周恩来，在母亲和故乡亲人的培育下，养成了勤奋刻苦、好学上进的习惯，这为他日后的学业打下初步的基础。

02

周恩来在银冈书院接受启蒙教育

接触新学

1910年春天，周恩来在生母、嗣母相继去世，父亲又无力照顾他的情况下，随同回乡探亲的三堂伯周贻谦来到东北，寄居在奉天省银州（今辽宁省铁岭市）的周贻谦家中。

铁岭古城地处松辽平原，有着千余年的悠久历史。这里处处与淮安古城有着完全不同的风貌，使第一次离开家乡的周恩来大开眼界。

因为一时没有合适的学校可读，周恩来暂时进入银冈书院读书，大概有半年的时间。

银冈书院，始建于清顺治十五年（1658年），系清湖广道御史郝浴谪居铁岭时自建的居室和讲学授徒之所。校园里完全是清代园林式建筑群，这是东北地区唯一保存下来的古代书院。

银冈书院，是清代著名的五大书院之一，号称"关东第一书院"，在东北教育史上具有举足轻重的地位。它"开本邑教育之先"，培养了大批英才。

1903年，辽北地区第一所新式学堂——银冈学堂在银冈书院内成立。周恩来在抵达铁岭后，即进入银冈书院插班到银冈学堂的三年甲班读书，第一次接受正规的学校教育。

走进银冈书院正门，便来到当年郝浴的宅院。这是一个典型的北方四合套院，院内有东、西厢房各三间。东侧厢房在书院时期称东斋房，是学校领导和管理教师的办公之所，后为书院学堂。周恩来在书院读书时，曾在此研习古文、书法。

在银冈书院，周恩来开始接触新学。他刻苦读书，治学态度严谨，学习成绩优异。除了认真完成课业之外，周恩来利用

银冈书院正门

课余时间广泛阅读各种文学、历史、军事等书籍，涉猎十分广泛，还学会了《满江红》《何日醒》等爱国歌曲。他在银冈书院开始接受西方教育和革命思想的启蒙教育。

周恩来虽然在银冈书院读书时间不长，只有短短的半年时光，但他对这片土地和父老乡亲念念不忘。

1962年6月15日，已经身为国务院总理的周恩来视察东北工作时，再次来到阔别52年的铁岭，重登龙首山，寻觅少年足迹。他曾深情地说："铁岭是我的第二故乡。"

03

为中华之崛起而读书

为中华之崛起而读书

1910年秋天，奉天第六两等小学堂（后改名为东关模范学校）建成，在银冈书院已经读书半年的周恩来，插入这所学堂的高等丁班学习。

这一年，是周恩来人生的转折之年。

他远离江淮平原的故乡，来到白山黑水的东北，从牢牢禁锢着心灵的封建家庭和私塾生活转到刚刚开办的新式学堂念书……周围的一切发生那样巨大的变化。

周恩来眼前的天地顿时变得广阔多了。

由于清政府的腐败无能，东北成为日俄两大帝国主义国家在华争夺的焦点地区，长期的战争给东北人民带来深重灾难。1904年至1905年，日本和沙俄以中国东北为战场，进行了超过一年半的日俄战争。战后，日本和沙俄强行划分在东北的势力范围，事关中国领土和主权的处置，而它们根本没有征求中国政府的意见。

周恩来到东北的时候，正值日本军国主义吞并中国的邻国朝鲜。朝鲜人民在日本军国主义铁蹄下的苦难，东北人民感同身受，也给少年周恩来留下了深刻印象。

在学校里，思想进步的老师经常向学生们讲述时局危急和国势艰危，激励学生们以天下兴亡为己任，从小立志救亡图存。周恩来十分关心国事，养成了每天坚持读报的习惯。他自己订购了当时奉天出版的《盛京时报》，每天必读，深受影响。国家的危亡，促使他开始思考读书是为了什么……

在一次修身课上，魏校长向同学们提出一个问题："请问诸生，为什么而读书？"

同学们踊跃回答。有的说："为明理而读书。"有的说："为做官而读书。"也有的说："为挣钱而读书。""为吃饭而读书。""为家父而读书。"……听到这些回答，魏校长不由得连

周恩来少年读书旧址纪念馆

连摇头。

　　周恩来一直静静地坐在那里，没有抢着发言。魏校长注意到了，让大家静下来，点名让周恩来回答。周恩来站了起来，清晰而坚定地答道：

　　"为了中华之崛起！"

　　魏校长听了这个回答，为之一振！他没想到：一个十二三岁的孩子，竟有如此远大的抱负和胸怀！他睁大眼睛又追问了一句："你再说一遍，为什么而读书？"

　　"为了中华之崛起！"

　　周恩来铿锵有力的话语，得到了魏校长的连连喝彩："好哇！为了中华之崛起！为了中华之崛起！有志者当效周生啊！"

东关模范学校当时使用的教科书

04

周恩来奋笔疾书写感言

十四岁少年感言

在东北接受新学的周恩来，眼界开阔了，对许多社会问题的认识提升了。他的睿智和才华超出了他的同辈人，超出了他的年龄。

特别是在东关模范学校读书期间，周恩来学习刻苦，各门成绩都很优秀，国文成绩特别突出，写的文章常常被老师批写供同学们"传观"。他的才华和睿智在一篇作文中大放异彩。

1912年10月，恰逢东关模范学校建校两周年，周恩来为此写了一篇《东关模范学校第二周年纪念日感言》，在感言中抒发了自己对时局、对学校教育的一些看法。周恩来认为，在内忧外患的时代，中国要图富强，应该从根本上做起，把教育办好。文中说：教与学的目的，都是为国家造就人才，使国家富强起来。学生在学习中应奋勉学习，"深究而悉讨""慎思而明辨""受完全教育，成伟大人物，克负乎国家将来艰巨之责任"。校长和教师则"当殚其聪明，尽其才力"，"为学生择良教材，教习为学生谋深造就。守师严道尊之旨，除嚣张浮躁之习。注重道德教育，而辅之以实利美感，更振之以军国民之精神"。这一年，周恩来年仅 14 岁，已表现出高尚的志向和引人注目的思想及文采。

老师给这篇文章的批语是"教不如此不足以言教，学不如此不足以言学，学校不如此不足以言学校，文章不如此不足以言文章"。

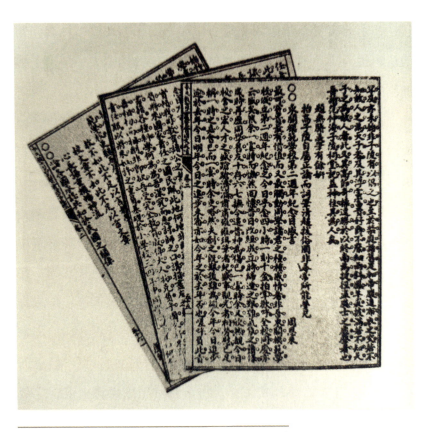

周恩来写的作文《东关模范学校第二周年纪念日感言》

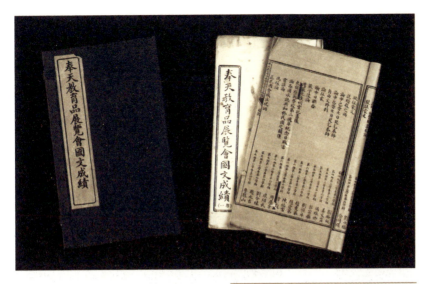

《奉天教育品展览会国文成绩》一书

这篇文章被评为甲等作文，在 1913 年奉天省举行的教育品展览会上展出，并作为范文收入《奉天教育品展览会国文成绩》一书中。1915 年，上海进步书局出版的《学校国文成绩》和以后上海大东书局出版的《中学生国文成绩精华》两本书中也收入了周恩来的这篇作文。

05

周恩来在南开学校写作文

南开校中作文

南开学校是一所仿照欧美近代教育制度开办的私立学校。1913年，15岁的周恩来考入南开学校后，编在一年级己三班（以后改为丁二班）就读。

周恩来在南开学校的学习成绩优秀，国文成绩尤为突出。他文思敏捷，作文不打草稿，提笔直书，一气呵成。他的这一才华颇受同学们的敬佩。

《南开校中作文》是周恩来亲自整理而成的，收录了自己在中学四年习作课中写作的52篇作文。翻阅作文，只见文章工整严谨，端正的小楷运笔遒劲方正，文字端庄秀丽，反映出学生时代的周恩来深厚的书法功底。不少文章或圈或点，或稍加涂改，表现了周恩来写作时的思想变化。每篇作文都有老师的批改。

整本作文从1914年1月写

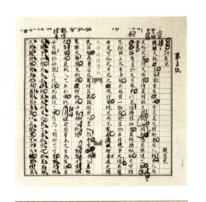

周恩来在南开学校读书时写的作文《论名誉》手稿

周恩来（前排中）与南开中学丁二班国文优胜者合影

的《中华民国三年一月开学感言》，到 1917 年 2 月完成的《梁任公先生演说记》，包括论、记、传、书、序、感言等文体，集中反映了周恩来在中学时代对社会问题的种种思考及重要观点，特别是《爱国必先合群论》《尚志论》《论名誉》《诚能动物论》等佳作，更是作为表现周恩来思想境界的范文而被广为传诵。

南开学校对国文十分重视，不仅每两个星期组织一次作文，每年还要组织全校性的作文比赛，获得第一名被同学们看得像"状元及第"一样，是莫大的荣耀。

1916 年 5 月 6 日，南开学校一年一度的作文比赛又开始了。比赛不分年级，全校学生 800 多人，各个班级推举出作文优秀的代表五人参赛。考场是并排的两个教室，每人面前放着两张纸，一张纸上印着两个选题：一个是《诚能动物论》，另一个是《日相大隈伯谓：此次欧战为新文明之产痛，证诸已往历史是否如斯，试申言之》。另一张纸是参赛稿纸，眉头上印有参赛者姓名、班级，以便于密封。

比赛开始后，周恩来和其他参赛者一起翻开试题。他思考片刻，便写下工整的楷书标题——《诚能动物论》。而后，他挥笔疾书……

比赛结束了。教师办公室里，几位老师在紧张地阅卷。张诗岑、张皞如、马千里、程玉孙老师不约而同，对一篇《诚能动物论》赞不绝口。试卷批阅完毕，全部作文交由校董严修先生做最后定夺。严先生读着学生们的作文和教师评语，看到四位老师一致高评这篇《诚能动物论》，颇为惊讶。当他看过全文后，他又惊又喜，挥笔写下四个大字："全校之冠"。

密封被拆开了，试卷上露出一个醒目的名字："周恩来"。

最终，周恩来被评为这次作文大赛的全校第一名！在周恩来所有的中学作文中，《诚能动物论》应该是写得最好，也是最著名的一篇。

丁二班获全校作文大赛第一名后合影，严修亲题"含英咀华"以资奖励。照片中手持匾额的左侧学生为周恩来（1916 年）

06

品学兼优的优等生周恩来

南开学校的优等生

在南开学校四年的读书生活，为周恩来一生打下坚实的学识基础。新中国成立后，他曾满怀深情地说道："我还是感谢南开中学给我那些启蒙的基本知识，使我有可能寻求新的知识，接触新的知识。"

南开学校的课业较重，要求也高，中学四年要学 17 门功课，主科有国文、英文、数学（包括代数、几何、三角），副科有物理、化学、中国史、西洋史、中国地理、西洋地理、博

南开中学伯苓楼，周恩来曾在此楼东四教室上课

物、生物、法制、簿记、唱歌、图画、体操和修身。学校采取考试淘汰的教制，平时有测验，期末有大考，能考入学校并坚持到毕业是相当不容易的。

在校期间，周恩来品学兼优，各门功课都名列前茅。他曾给自己规定，要做到五个不虚度："读书不虚度、学业不虚度、习师不虚度、交友不虚度、光阴不虚度。"他曾先后获得"国文传观"比赛第二、化学最优者、全校笔算最优者、全校国文特试第一、默国文最优者、全校习字比赛行书优胜奖等十多次表扬，毕业时获国文最佳者称号。

周恩来国文成绩突出，他所写的文章经常被老师当作范文在同学中传阅。那时候，天津市各中等学校每年举行一次校际演说比赛。1914年和1915年，周恩来都被推为学校的三名代表之一，并连续两次为学校取得全市第一名的成绩。周恩来的数学成绩也很好，心算比一般同学的笔算还快。《校风》上曾

周恩来在南开读书时的成绩表

记载道：他是笔算速赛 48 名最优者之一，代数得满分。刚入学时，他的英文基础比较差。为了攻克这一难关，他学习很刻苦，每天早晨起床后，将洗漱和吃早饭以外的时间，以及中午和下午的课余时间，都用来学英文。一进入二年级，他的英文就相当好了。

课余时间，周恩来博览群书，尤其爱读《史记》和清初进步思想家顾炎武、王夫之等的著作，也有西方启蒙思想家卢梭的《民约论》、孟德斯鸠的《法意》、赫胥黎的《天演论》等。因此，他的知识面比较宽，视野和思路也比较广阔。

周恩来不但自己谦虚好学，而且帮助其他同学共同进步。他的简朴生活、优良品德和优秀的学习成绩，感动了老师。大家经过讨论，极力向学校领导推荐，把周恩来作为免费生，学校最终同意。于是，从周恩来入校的第二年起，学校就免去了他的学杂费。

周恩来在课堂上

07

周恩来在日本接触社会主义思想

《周恩来旅日日记》

  《周恩来旅日日记》是周恩来 1918 年 1 月 1 日至 1918 年 12 月 23 日在日本求学期间写的日记，内容都是周恩来用毛笔书写的。通过它，我们可以感受到青年周恩来从苦闷到奋起、从迷惘到坚定的人生历程。

  初到日本时，陌生的环境、繁重的学业，使周恩来很不适应，常感苦闷。他并不愿一味死读书，总想从生活中学习实际的社会知识。他在日记中写道："无处不可以求学问，又何必终日守着课本儿叫做〈作〉求学呢？"为此，他尽力对日本社会潜心观察和了解，渐渐地，对日本有了一些新的认识，深感日本的政治制

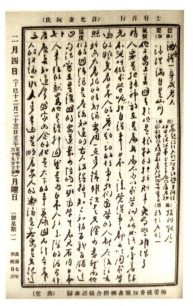

周恩来旅日日记手迹

注：本书引文均保持原貌，正字或宜用字在〈 〉内标出。

度并不适合于中国的国情。他在日记中这样写道："我从前所想的'军国''贤人政治'这两种主义可以救中国，现在想想，实在是大错了。"

那么，中国的出路究竟在哪里呢？同当时中国绝大多数寻求救国真理的热血青年一样，周恩来一时还找不到正确的答案。

随着俄国十月革命的胜利，马克思主义学说和宣传社会主义的各种流派，像潮水一样涌向日本。对新思潮，周恩来是来者不拒的，并下大力气潜心研究。他曾在日记中说过："第一，想要想比现在还新的思想；第二，做要做现在最新的事；第三，学要学离现在最近的学问。思想要自由，做事要实在，学问要真切。"怀着这样一种求知的态度，周恩来先后阅读了日本思想家幸德秋水的《社会主义神髓》、美国左翼新闻记者约翰·里德的《震动环球的十日》，以及京都帝国大学著名经济

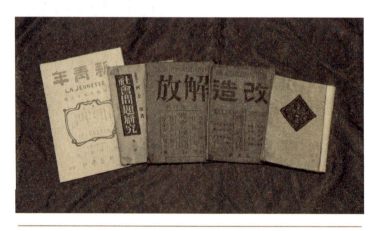

周恩来旅日期间读了大量的书籍，如《贫乏物语》《社会问题研究》《解放》《改造》等，这使他更多地了解了马克思主义基本原理

学教授、日本最早的社会主义者之一、河上肇博士编辑出版的《社会问题研究》，还有《新社会》《解放》《改造》等杂志，初步接触了社会主义思想。周恩来在 1918 年 10 月 20 日的日记中写道："二十年华识真理，于今虽晚尚非迟。"

周恩来东渡日本，原本是想寻求可以"济世穷"的学问，但经过一年的观察，他对日本的社会制度越来越失望。正在这时，母校南开学校决定创办大学部的消息传来，周恩来下决心回国学习，"返国图他兴"。

周恩来"旅日日记"的发现、整理与出版，犹如一部老胶卷的修复与重映，忠实地再现了当年周恩来在日本的生活场景和思想情况。周恩来在日本求学的经历，启示青年朋友：人生的路程或许会无比艰辛，但只要持之以恒、坚忍不拔，最后一定能达到成功的彼岸！

1919 年 4 月 6 日，即将离开日本的周恩来（前排左二）与同学在京都（东京）合影

08

周恩来在赴日途中受到《新青年》启发

读《新青年》

《新青年》由作为中国共产党主要创始人之一的陈独秀在上海创刊并主编。

这是 20 世纪 20 年代在中国具有影响力的一份革命杂志，原名《青年杂志》，自第二卷起改称《新青年》。该杂志宣传倡导民主与科学以及新文学，在五四运动期间起到重要作用。

周恩来对《新青年》的认识，有一个曲折的过程。《新青年》早在 1915 年就已出版，那时周恩来还在南开学校求学。他虽然在书店里买来看过，但不过是随便浏览一下，没有引起太多的注意。他说过："从前我在国内的时候，因为学校里的事情忙，对于前年出版的《新青年》杂志没有什么特别的去注意。有时候从

1915 年 9 月，《青年杂志》由陈独秀在上海创刊，自 1916 年 9 月起更名为《新青年》

书铺里买来看时，亦不过过眼云烟，随看随忘的。"

从天津动身赴日前夕，一位朋友送给他一本《新青年》第三卷第四号。他在赴日途中阅读，甚是喜欢。到东京后，他又从在日本留学的严智开（南开校董严修的儿子）那里借到了《新青年》第三卷的全份，认真读后，感到颇受启发，觉得"把我那从前的一切谬见打退了好多"。但不久他又放下了。

后来，周恩来在极端苦闷中把《新青年》第三卷重新找出来，又读了一遍。其中宣传的新思想强烈地吸引了他，使他顿时感到眼前变得豁然开朗。他在日记中写道："我的心仍然要用在'自然'的上，随着进化的轨道，去做那最新最近于大同理想的事情。""这个月开月以来，觉得心里头安静了许多。这几天连着把三卷的《青年》仔细看了一遍，才知道我从前在国内所想的全是大差，毫无一事可以做标准的。来到日本所讲的'无生'主义虽然是高超了许多，然而却不容易实行。总起来说，从前所想的、所行的、所学者全都是没有用的。从今后要按着二月十一日所定的三个主义去实行。决不固持旧有的与新的抗，也不可惜旧有的去恋念他。我愿意自今以后，为我的'思想''学问''事业'去开一个新纪元

《新青年》封面

才好呢！"

《新青年》宣传的新思想使周恩来树立了新的信念。在《新青年》的巨大影响下，周恩来的思想得到了极大升华。他心里感到非常快活，在日记中写道："想起我从前所思、所学、所行，实在是一无可取。""我但期望我的'思''学''行'三者能顺着进化的轨道、自然的妙理去向前走。"

1918年2月25日，深受《新青年》感染的周恩来兴奋地写下两句诗："风雪残留犹未尽，一轮红日已东升！"

09

周恩来同邓颖超一起重温往事

物归原主

　　周恩来在南开学校读书时写的作文和旅日期间写的日记，记录了他人生的重要时刻。作文和日记能够保存下来，实属不易，能够重新回到主人的手中更是经历了一段传奇。

　　1952年8月，一个炎热的日子，一位叫柴平的人从南方风尘仆仆来到天津，看望他曾在南开学校读书时的老同学——时任天津学联的主席张济。柴平这次本是从南方回陕西老家探亲，之所以先到天津，是因为他有一件十分重要的事情要请张济帮忙处理。

　　原来，柴平的父亲柴儒瞻早年也就读于南开学校，与周恩来是校友。1920年，周恩来赴法勤工俭学离开天津前，整理了一批东西放在一个小木箱里，因为要远行无法携带，所以把它存放在一个同学那里。里面到底是什么，那个同学并不知道。后来，那个同学把箱子交给柴儒瞻，告诉他是周恩来留下的东西，请他帮助保存。柴平这次特意来访，就是想请张济帮忙把这箱东西转交给上级处理。

　　周恩来这时已是国务院总理、党和国家重要的领导人，张济感觉到这件事非同小可，立即找到时任天津市青委秘书长、后为南开大学教授的刘焱，商量处理办法。刘焱马上把这件事报告给当时的青委书记张淮三和副书记何启峻，大家都认为这件事很重要。刘焱让张济马上去柴平住处把箱子取回来。

第二天一早，张济骑上自行车到了柴平住处，取回了箱子，把它送到刘焱那里。刘焱打开箱子，看到里面有周恩来旅日时的日记和在南开学校写的作文，还有一些书信和照片。后来，按照天津市委的要求，这箱东西和张济写的情况说明被一并报送给中央办公厅。

《周恩来旅日日记》原题为"民国七年学校日记"，扉页上原有周恩来的亲笔署名，但打开箱子后大家看到，日记扉页"恩来"两个字已被挖掉，原写有"周恩来"三个字的红色印章也被涂抹掉了。这或许恰恰说明了，在那个周恩来为民族解放出生入死的年代，有心的保存者为安全起见采取了一些保护措施。

周恩来十分珍爱这批东西，有时会同邓颖超打开看看，一起重温陈年往事。有一次，堂侄去看望周恩来，恰好看见两位老人在翻看这

《周恩来旅日日记》

批资料。周恩来告诉堂侄，这是天津发现后送来的。

这批资料物归原主后，一直由周恩来和邓颖超亲自保存，直到周恩来去世后，邓颖超把它交给中国革命历史博物馆收藏。

周恩来南开校中作文和旅日日记承载着周恩来青少年时代的一段经历，折射出他的家国情怀和不凡才思。如今，这两份珍贵资料已被编辑出版，供人们了解那位已经逝去但永远活在人们心中的周恩来风华正茂的时光。

《周恩来南开校中作文》

10

周恩来长征路上的"伙伴"

"贴身伙伴"

对周恩来的人生选择影响最大、他读了一辈子的马克思主义理论书是《共产党宣言》。

1848年1月，这份纲领性文件由马克思和恩格斯执笔完成。《共产党宣言》的发表，是影响世界的一件大事，从此，"一个共产主义的幽灵"由欧洲走向世界，传入中国。

周恩来是在1920年年底赴欧洲之前读到《共产党宣言》的。1936年，经过长征抵达陕北后，见到美国记者埃德加·斯诺时，周恩来披露了这个细节。他对斯诺说："去法国之前，我就读过《共产党宣言》。"那次见面，周恩来给斯诺留下了深刻印象，这一印象被记录在《西行漫记》中："他头脑冷静，善于分析推理，讲

1920年8月，上海共产党早期组织出版了由陈望道翻译的《共产党宣言》第一个中文全译本。（配图为1920年9月版）

究实际经验。他态度温和地说出的话，同国民党宣传九年来诬蔑共产党人是什么'无知土匪''强盗'和其他爱用的骂人的话，形成了奇特的对照。"那一次见面，斯诺还为周恩来拍下一张流传至今的经典的单人照片。

因为《共产党宣言》的影响，周恩来到欧洲后继续寻求救国救民的真理，并且在那里做出了一生最重要的选择：以实现共产主义为自己的理想，并要坚决地为它宣传奔走。可以这样说，是马克思主义的理论著作，尤其是《共产党宣言》彻底建立起周恩来对马克思主义的信仰。

青年周恩来深受马克思主义读本的影响，特别是深受《共产党宣言》的影响。《共产党宣言》，伴随了周恩来一生，他始终带在身边，即使在艰苦的长征路上，都没有弄丢。

周恩来阅读并签名的《共产党宣言》

抗日战争中，他在延安整风学习期间，用过一本有他亲笔签名的《共产党宣言》，保存至今。

1975年1月，周恩来在四届人大会议上，见到了《共产党宣言》中文版的最初译者、全国人大常委会委员陈望道。他对陈望道说："当年长征的时候我就把《共产党宣言》当作'贴身伙伴'，如果能找到第一版本的《共产党宣言》，我真想再看一遍。"当时，陈望道看着周恩来期待的目光，难过地摇了摇头。周恩来接着对他说："这是马列老祖宗在我们中国的第一本经典著作，找不到它，是中国共产党人的心病啊！"

这年秋天，山东省广饶县大王镇刘集村一位名叫刘世厚的老共产党员，将一本用生命保存下来的小册子交给了广饶县博物馆。这本小册子正是周恩来要找的中文首译本《共产党宣言》。而此时，周恩来已经走上生命的最后一段旅程，再也无法翻阅这本激励他一生的书。

《共产党宣言》指出的是世界未来发展的方向，是对客观世界的真实反映。周恩来对它的反复阅读和珍爱，足以说明他对真理的坚持、对真理的崇尚。

11

周恩来阅读《云南北界勘察记》

为解决问题而读书

新中国成立后，周恩来总理主持内政外交工作，非常繁忙，被称为"全天候"总理。邓小平曾经形象地描述周恩来的工作状况："周总理是一生勤勤恳恳、任劳任怨工作的人，他一天的工作时间总超过 12 小时，有时在 16 小时以上，一生如此。"

尽管工作这么繁忙，周恩来仍然十分重视读书学习。他除了保持读马列著作和毛泽东著作的好习惯外，还喜欢读一些文学作品，如他自己所说："我愿看散文，短篇的，看长篇小说没有时间。"有时乘坐飞机或火车外出视察，他也会饶有兴致地翻阅一些杂志，通过读书了解世情民情。可以说，读书是周恩来繁忙工作中不可或缺的内容。

在工作中，周恩来读书的特点是，关注的内容常常与需要处理的内政外交事务紧密相关。他从书本中寻找事务真相，寻找解决问题的方法。

20 世纪 50 年代到 60 年代，为创造一个有利于社会主义建设的外部环境，中国政府需要着手解决一些历史上中国与周边国家悬而未决的问题，其中，包括处理好边界问题。

当时，缅甸是中国的友好邻邦，缅甸政府领导人希望能够尽快妥善解决两国之间存在的边界问题。为此，中共中央决定以解决中缅边界问题为开端，创造经验，提供范例。

这个问题是周恩来亲自处理的。

中缅边界问题由来已久，问题本身又十分复杂，周恩来采取十分谨慎的态度，有准备、有步骤地寻求解决办法。他反复告诫参与工作的同志，对如此复杂的问题，想当然绝对不行，一定要做到了如指掌，胸中清晰有数。要做到这些，需要全面了解中缅边界的全部情况。为此，周恩来阅读了相关的书籍和大量的历史资料。他特别邀请云南边界问题专家尹明德到北京，以便向他请教。尹明德来北京时，给周恩来带了一箱子书，都是关于中缅边界问题的各类书籍。周恩来认真阅读这些资料和书籍。经过同专家探讨研究，周恩来根据历史情况，并结合现实需要，最终提出了一个全面而又兼顾双方利益的建议，这使缅甸方面非

周恩来曾阅览《云南北界勘查记》

《周恩来选集》中收入的 1957 年 7 月 9 日周恩来《关于中缅边界问题的报告》

常满意，并深受感动。

时任缅甸总理的吴努在和毛泽东会见时说，周总理说不允许边界问题来破坏中缅的友谊，我非常感激。毛泽东告诉他，这是"周总理读了几本书，我们把过去的文件和书研究了又研究"的结果。

中缅边界问题的圆满解决，成为中国解决边界问题的一个成功范例。

贰

知恩图报

12

周恩来深厚的亲情和对父亲的怀念

布满沧桑的皮夹子

周恩来的父亲周贻能[1]一生谨慎小心，老实厚道，为维持家庭生计，常年奔波在外，跟孩子们在一起的时间很少。周恩来参加革命后，跟父亲在一起的时间更少了，直到全民族抗战爆发，才把父亲接到身边，先是把他安置在武汉，后来把他接到了重庆。

周恩来把父亲安置在红岩村八路军办事处居住，只要有时间，就会去看望父亲。

1942年夏日，重庆的天气已经很热。一直疲于工作的周恩来患病住进重庆中央医院。在医院，他收到邓颖超的来信，得知父亲生病了，患的是疟疾。当晚，周恩来惦记父亲的病情，没有睡好。第二天，他回信嘱咐邓颖超："爹爹的病状，除疟疾外，还宜注意他的年事已高，体力虽好，但他过分喜欢饮酒，难免没有内亏。所以主治他的办法，必须先清内火，消积

---

1 周恩来祖父周起魁有四个儿子：贻赓、贻能（后改名劭纲，字懋臣）、贻奎、贻淦。其中周贻能是周恩来的生父、万氏的丈夫，周贻淦是周恩来的嗣父、陈氏的丈夫。

食，安睡眠。东西愈少吃愈好，吃的东西亦须注意消化与营养，如牛乳、豆浆、米汤、饼干之类，挂面万不可吃。假使热再不退，大便又不通，则宜进行清胃灌肠，勿专当疟疾医。"他还告诉邓颖超，"我对他的病，不很放心，望你转禀他好好精养。我在这里默祷他的康宁。"周恩来对父亲的关心和惦记以及周到细致的建议跃然纸上。

尽管医生和邓颖超悉心照看周贻能，但他因年事已高，没有等到周恩来出院就不幸病逝。为了周恩来的健康，红岩的同志们和邓颖超没有把这件事告诉周恩来，直到他出院回到红岩。

回到红岩的周恩来悲痛万分，他不顾身体尚未完全恢复，坚持"为父亲守灵至拂晓"。7月15日起，《新华日报》连日刊发了周恩来、邓颖超发的讣告，内称："男恩来适因病割治于中央医院，仅闻先父患症，比于昨日遄归，方知已弃养三日。悲痛之极，抱恨终天。"周父去世后，毛泽东发电报给周恩来："尊翁

1942年，周恩来父亲周贻能在重庆病逝

逝世，政治局同人均深切哀悼，尚望节哀。"并叮嘱他，"重病新愈，望多休息，并注意以后在工作中节劳为盼。"电报体现了党中央对周恩来的关怀。

为了表达对父亲的怀念和愧疚，周恩来把父亲的一张相片放进皮夹里，照片背面留有周恩来手书"爹爹遗像"。从此，这个皮夹子周恩来一直随身携带。

周恩来去世后，这个皮夹子由他的侄女周秉德珍藏至今。照片已经泛黄，皮夹子布满沧桑，但掩盖不住周恩来深厚的亲情和对父亲的怀念。

周恩来接受记者的采访

痛悔着亲恩未报

周恩来有两位母亲，一位是给予他生命的母亲万氏，一位是抚育他成长的母亲陈氏。

周恩来未满半岁时，因为小叔叔周贻淦病重，身边又无子嗣，识大体的父母将他过继给叔叔。叔叔病逝后，周恩来在生母万氏和嗣母陈氏的抚爱下长大。

周恩来的生母万氏（画像）

生母万氏生性好强，办事坚定、果断；嗣母陈氏富有才学，性格文静。两位不同性格的母亲对幼年周恩来的性格形成和文化修养有着深刻的影响。

几十年后，周恩来回忆起来还深情地说道："直到今天，我还得感谢母亲（嗣母陈氏）的启发，没有她的爱护，我不会走上好学的道路。""嗣母

周恩来的嗣母陈氏（画像）

终日守在房中不出门，我的好静的性格是从她身上承继过来的。但我的生母是个爽朗的人，因此，我的性格也有她的这一部分。"

然而，天有不测风云。1907年，周恩来的生母万氏病故；第二年，嗣母陈氏也因病去世。一下子失去两位母亲，使周恩来悲痛万分。

嗣母去世那一年，周恩来年仅10岁。

料理完两位母亲的丧事，家里已是债台高筑，周恩来的父亲不得不外出谋事，家庭的重担落在长子周恩来身上。周恩来带着两个弟弟在淮安老家居住，"佐理家务，井然有序"。

周恩来从未忘记过两位母亲的养育之恩，经常在内心深处升起对母亲的思念和感恩之情。他在日本留学时写下的日记中这样写道："我把带来的母亲（嗣母陈氏）亲笔写的诗本打开来念了几遍，焚好了香，静坐一会儿，觉得心里非常的难受，那眼泪忍不住〈地〉要流下来。"

参加革命后，周恩来也始终不忘母亲的恩情。在接受《大公报》记者曾敏之的采访时，他特别提到自己的母亲。

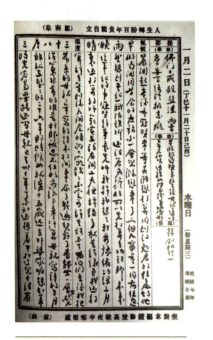

周恩来旅日日记手迹（1月2日）

他对曾敏之说："30多年了，我没有回过家，母亲墓前想来已白杨萧萧，而我却痛悔着亲恩未报。"

作为一个革命者，特别是在戎马倥偬的战争年代，常常是忠孝不能两全。周恩来也是这样，他把全部精力投入为中国人民谋幸福、为中华民族谋复兴的伟大事业中。他把对两位母亲的爱和孝给了祖国和人民。

想来两位曾经给予周恩来巨大影响的母亲，一定也会理解和赞成这个儿子的选择。

14

四伯父周贻赓与四伯母在一起

四伯父恩重如山

周恩来到东北求学，是四伯父周贻赓的主意。他在求学期间的费用，也由四伯父承担。

走出淮安，走进东北，对周恩来一生的转变至关重要。1946年9月，周恩来同美国记者李勃曼谈话时说："12岁的那年，我离家去东北。这是我生活和思想转变的关键。没有这一次的离家，我的一生一定也是无所成就，和留在家里的弟兄辈一样，走向悲剧的下场。"

周恩来到天津考取南开学校，也是因为四伯父工作调动到天津的缘故。应该说，四伯父对周恩来的帮助和影响是非常大的。当时的南开学校是私立学校，学杂费比较昂贵，周恩来的学费和生活费用主要靠四伯父的收入来支持，但他收入微薄，

四伯母为解决周恩来兄弟三人的学习费用，经常给人织线袋

家里的生活还要靠四伯母编织一些线袋、自行车把套、墨盒套之类的小东西换钱贴补家用，所以周恩来在南开学校读书时的学费常常不能及时缴付。

后来，学校免除了周恩来的学杂费，但生活费用还需要他自己解决。当时，学校想办法给周恩来安排一些为学校刻蜡纸、油印或抄写讲义的工作，以勤工助学的方式补贴他的生活费用。尽管课业繁重，社团活动很多，周恩来仍然挤时间兼做这类工作，以减轻家庭的负担。

周贻赓不仅律己甚严，而且治家有方，对晚辈要求很严格。据周恩来当时的一位同学后来回忆，"他伯父（指周贻赓）非常严，我们到他家都得站着，不许坐着。"周贻赓对侄儿等晚辈的治家格言是："孔子儿孙不知骂，曾子儿孙不知怒，周家儿孙不知求（指求名、求利）。"他要求晚辈们生活上要勤俭，学习上要奋进，待人处事要严于律己、宽以待人，平常要以助人为乐。

周恩来对四伯父周贻赓的养育之恩一直萦绕心怀。1916年3月，周恩来写下《禀家长书》的作文。他在文中深情地写道："家中赡养，不能稍分大人劳肩，反使大人只身走千里外，为子侄谋衣食，侄罪重矣。""但忆七载依依，承欢膝下，骤别慈颜，忽觉亲我者又少一人，是以萦怀莫去，绕绕不能离异……"字里行间流露出伯侄亲情。

1933年周贻赓在天津去世时，周恩来正在江西苏区指挥反"围剿"，无法前往吊祭。周贻赓膝下无子女，亲人们便代表周

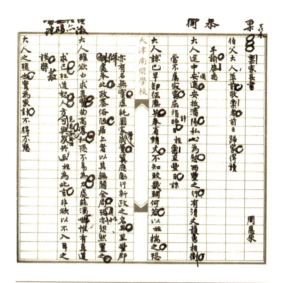

1916年3月21日周恩来写的《禀家长书》（手迹）

恩来，用"孝侄周大鸾"的名义发布四伯父的讣告，表达周恩来的孝道之意。直到1942年，周恩来在重庆还曾对八路军驻渝办事处的工作人员张颖说："四伯父待我恩重如山。"

15

周恩来与邓颖超同八婶母（后排中）等亲属留影

为八婶母尽孝

周恩来有一位"八婶母"，是八叔周贻奎的夫人杨氏，她虽然没有多少文化，但是为人心地善良，晚辈和淮安人尊称她"周八太"。

幼年的周恩来在两位母亲相继去世后，有一段时间和八叔周贻奎、八婶母杨氏夫妇在淮安老宅艰难度日。八叔、八婶母是周恩来和弟弟的实际抚养人。

周恩来的八婶母杨氏

八叔因为腿有残疾，虽然有一些文化，但在旧社会难以有所作为，只能在驸马巷的家里教周恩来兄弟珠算和简单的功课。

为了一家人的生存，八婶母和周恩来一起跑当铺典当衣物、将房子抵押给人家，以维持全家半饥半饱的生活。这段艰难的日子给周恩来留下了深刻印象，50多年后，他向侄子、侄女回忆往事时还感慨地说："这个家真难当啊！"周恩来对八叔夫妇感情很深，1918年1月，正在日本留学的周恩来接家中来信，知道八叔去世，十分悲痛，在日记中曾写下满含深情的文字，追念八叔并忧虑家中八婶母生活的艰难。

　　小时候的周恩来也是个调皮的孩子，他和兄弟们常常在文渠河划船打水仗。大人们怕出事，就把小船锁起来，可孩子们悄悄把锁敲掉，划船远游，吓得家长们敲锣寻人，满街巷吆喝找孩子。一天中午，周恩来和小伙伴又一次划船出游，直到太阳落山才回家。远远地，周恩来看到小脚的八婶母着急地迎上来，差点跌倒，等到跟前她一把紧紧地搂住周恩来，眼泪唰唰往下淌。那一刻，周恩来的心里十分难受，八婶母和他之间的母子亲情令周恩来久久不忘。

　　1950年，八婶母带着孙子周尔辉到北京看望周恩来。周恩来和邓颖超夫妇热情接待八婶母，陪老人家游览了颐和园。

文渠河

　　1953年，八婶母到北京看病，又住了些日子。八婶母回乡后，周恩来就她在家乡淮安看病的事，三次致信淮安地方政府。字里行间既流露出周恩来对长辈的孝敬、赡养之情，又体现了他坚持原则、廉洁奉公、决不搞特殊化的党性。信中说："如果治疗无效，一切后事也请你们代为办理。但要本着节约和简朴的精神办理。现寄去人民币 200 元作为治疗和办理后事的费用。如不够时，请你们先垫付，事后来信说明支付情况，我再补钱去。"1956 年年底，八婶母去世，周恩来在致淮安地方政府的信中除了表示感谢外，还特意补寄了 25 元垫支款。

16

周恩来同六伯父周嵩尧在一起

尽晚辈的义务和孝心

周恩来的六伯父叫周嵩尧。

这位老人清末入京做官，曾在北洋政府任职，历经晚清、北洋政府、民国后走进新中国。对于周恩来选择的革命道路，周嵩尧曾经并不认同，甚至把他的名字从家谱中删除。对于周嵩尧的态度，周恩来有所耳闻，但表现得十分豁达、包容。

新中国成立后，周嵩尧对中国共产党的认识开始有了很大的转变。1949年冬天，周嵩尧带着一个孙儿从扬州来到北京。据周恩来侄女周秉宜回忆："伯伯第一次见他时，就讲道：'既来之，则安之。'不仅安排他住进惠中饭店，吃住有人照顾，而且在周末还接他到西花厅家中共进午餐。"

中央人民政府政务院文史研究馆筹备期间，经政务院常务副秘书长齐燕铭推荐，决定聘用周嵩尧为中央文史研究馆馆员。这是新中国成立后周恩来唯一一次以总理的名义为亲属签发聘书。

平时，周恩来工作再忙，也会抽出时间陪老人聊天，就当年北洋政府的建制等问题向他咨询，以做新政权的参考。周

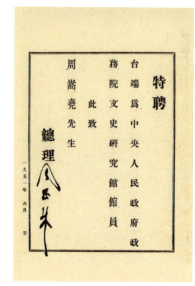

恩来的谦逊，使周嵩尧愿意敞开心扉把自己经历的各个历史时期的情况向他诉说，同时也使周嵩尧为自己还老有所用感到欣慰。

1951年，周嵩尧唯一的儿子在扬州病逝，这使他受到沉重打击。这时，随周嵩尧来北京的孙子已搬到工作单位的集体宿舍住。细心的周恩来怕他过于悲伤和孤独，又亲自安排将老人的一个年幼的曾孙接到北京陪伴他，按民间的俗称，这就是为老人暖脚。

周嵩尧80岁生日是在西花厅过的，周恩来在西花厅请一些家人共吃寿面。亲属保存下来的一张当年的照片记录了那天的情景，记录了周恩来恪守孝道的家风。1953年周嵩尧病逝，在北京嘉兴寺内举行简朴的入殓仪式，周恩来亲自给六伯父含

周恩来、邓颖超与周嵩尧在西花厅的合影

殓，并带领周家亲属向长辈行三鞠躬礼告别。

为什么要这样善待周嵩尧，周恩来的侄女周秉德后来回忆说："伯伯对我说过，作为一个革命者，往往'忠孝不能两全'，'对生我的父亲，特别是养育我的四伯父，我都没有报答他们的养育之恩。现在你六爷爷要来北京，我可以尽一个晚辈的义务和孝心了'。"

17

高亦吾老师在东关模范学校

不忘师恩

　　周恩来在东关模范学校求学期间，有两位老师对他影响深远，一位是学校的校长魏福锡，另一位是史地老师高亦吾。

　　高亦吾，是山东省章丘县（今济南市章丘区）人。他出生在一个家学深厚、富有学养的农村家庭，从小天资聪颖，又很好学上进。12 岁以前，高亦吾就已经读完四书五经等国学典籍，后来他又自己开设私塾，以所学施教。不仅同乡，就连周边乡村的孩子也都得到了高亦吾所设私塾的教育。1907 年，高亦吾以优异的成绩通过考试，进入山东省高等学堂历史科继续学业。

　　学习期间，腐败无能的清政府激起了富有爱国热情的高亦吾的民族义愤，他不计安危，毅然剪掉发辫，脱去长袍，奔走呼号，勇敢地领导省城学生界进行反清反帝救国斗争。反动当局与之势如水火，下令缉拿高亦吾，为此他不得不避祸于东北，几经辗转来到沈阳（时称奉天）。1910 年，经朋友介绍，高亦吾在东关模范学校担任教师。

　　高亦吾虽身在关外，仍不改救国救民之志，他在所教的史地课中，借题发挥，巧妙地讲述中国的现状和将来，启发学生的爱国思想，受到学生的欢迎和爱戴。

高亦吾特别喜欢聪明、勤奋、爱国、上进的少年周恩来，常把自己的进步书刊《革命军》《警世钟》《民报》等借给他看，还教导周恩来要认真读书，挽救中华。在高老师的教导和影响下，当1911年10月孙中山领导的辛亥革命推翻清朝、建立中华民国的消息传到沈阳时，在全校欢腾中，周恩来找来剪刀，毅然剪掉了象征奴役、屈辱的辫子，成为东关模范学校第一个剪辫子的学生。

对这一段情深意笃的忘年之交，周恩来和高亦吾都念念不忘。1941年春节刚过，高亦吾突患脑膜炎，久治不愈。在弥留之际，他将全家唤到身边，再三叮嘱儿子高肇甫："你日后可去找周恩来，什么时候去，他都会很好待你。要记住，听他

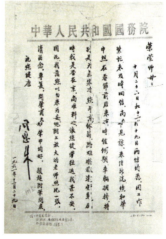

新中国成立后，周恩来与高亦吾老师家人的信件

的安排，跟着他不会走错路。"2月5日，60岁的高亦吾与世长辞。

1949年7月，高肇甫遵父遗嘱，给在京的周恩来写信，回忆30余年的境况和思念之情。不久，高肇甫即接到周恩来的回信，找他进京面谈。在中南海，两人长谈三小时之久。周恩来得知恩师早已仙逝，不禁悲恸万分。

后来，周恩来将高肇甫安排在政务院档案科工作。周恩来一生高风亮节，身为党和国家高级领导人，从未以权谋私照顾自己任何一位亲属，对高肇甫的工作安排可谓"仅此一人"，由此可见周恩来对恩师高亦吾的感恩之情。

18

张伯苓在南开学校

师生情

张伯苓是周恩来曾经就读的天津南开学校的校长，对周恩来青年时期的成长有很多帮助。

周恩来在南开学校就读时，张伯苓对他十分赏识，认为这个学生有志向，多学、多思，并不止一次对外人夸奖周恩来说："周恩来是南开最好的学生。"

张伯苓得知周恩来家境贫困，便给他找些刻蜡版和抄讲义

1918年，南开学校校董严修、校长张伯苓等赴美考察途经日本时，同周恩来（前排左三）等南开留日校友的合影

的工作，好让他有点收入。每隔几个星期天，张伯苓会邀周恩来到家里吃饭，通常吃的是最具天津特色的贴饽饽、熬小鱼。对在张伯苓家做客的往事，周恩来记忆很深刻，每逢回忆起来，常常深情地说："我小时候，校长给我熬小鱼吃！"

抗战期间，南开中学部因被日机炸毁而迁往重庆。张伯苓也长驻重庆。这时，周恩来已成为中共中央南方局的领导人。他工作很忙，但几乎每个周末，都去看望张伯苓，还到重庆南开学校，给师生们做报告。

1944年10月17日，重庆南开举行校庆活动，那天正是张伯苓68岁生日。周恩来赶到后，见张伯苓家有一个四川山路使用的交通工具——滑竿，便请张校长坐上去，同一位国民党要员一起抬着他走了一圈。当时，正处于第二次国共合作时期，在场的人鼓掌欢呼。第二天，重庆南开学校的壁报上出现了一首打油诗："国共两部长，合作抬校长，师生情谊厚，佳话山城扬。"

1949年，天津、北京（时称北平，后不一一注明）等相继解放。已辞去国民政府考试院院长职务的张伯苓在重庆忽然收到一封寄自香港署名"无名氏"的信，信中写道："老同学飞飞不让老校长动。""飞飞"是周恩来的笔名，张伯苓一下子就明白了，这是周恩来对自己的关怀与保护。后来，蒋介石退守重庆，飞往台湾前夕，曾亲自登门请张伯苓去台湾。张伯苓记住周恩来的叮嘱，谢绝了蒋介石。

这年11月，重庆解放。周恩来把张伯苓接到北京，并马上去看他，帮助他分清形势，希望他对新中国有个表态。但当时张伯苓觉得自己刚跟蒋介石分手，又是一个搞教育的，尽管做过国民党的考试院院长，但是没有做过什么坏事，所以一时没有表态。周恩来没有勉强他，而是希望老校长通过自己的观察了解新中国，走近新中国。遗憾的是，1951年2月23日晚，张伯苓在天津病逝。

张伯苓去世的次日早晨，周恩来专程从北京赶来吊唁，向校长遗体三鞠躬，慰问师母，亲自过问后事的安排。

周恩来为老校长献上花圈，表达敬意和思念。花圈缎带上写着：

伯苓师千古

学生周恩来敬挽

后来，周恩来这样谈起他的老师张伯苓："假使我知道他身体那样差，早一点提醒他一下，他也可能多一点进步表现，使人民对他有更多的谅解。这是我抱歉的地方。"

1951年2月，张伯苓逝世。周恩来赶往天津吊唁。图为周恩来送的花圈，缎带上写道："伯苓师千古，学生周恩来敬挽。"

19

"把恩来同志抬出草地"

战友情深

　　长征途中，最难的路段之一是过草地，通过草地一般需要七天，头顶是瞬息万变的风雨，脚下是布满泥泞的沼泽地，完全是风餐露宿，生活极端艰苦。

　　周恩来过草地前，由于工作过度劳累而病倒了，高烧多日不退，但最终战胜死神。

　　在草地面前，红三军团团长彭德怀、政委李富春、参谋长萧劲光看着极度虚弱的周恩来，十分担忧和焦急。大家聚在一起商量，怎样能让周恩来平安地通过草地。

　　这时，彭德怀站了起来，嘴里吐出一个字："抬！"声音洪亮且坚定。大家十分赞成这个意见。

　　办法确定下来，但执行中遇到很大困难。如果在平时，从连队里挑选几个年轻力壮的小伙子不算什么问题，但是长征以来，战士们的身体都十分虚弱，况且身上还背负着沉重的武器。彭德怀想了想说："实在不行的话，我们宁可把装备丢掉一些，也一定要把恩来同志抬出草地。"战友之情溢于言表。

　　经过研究，军团首长们决定抽调迫击炮连的战士组成担架队，把一些带不走的炮都拆毁扔掉了。长期在周恩来领导下工作的陈赓自告奋勇担任担架队队长，兵站部部长杨立三也坚持要加入担架队。

脚下的路很难走，不小心就会陷入泥沼中。担架队的同志分成几个组轮流抬着周恩来走。杨立三的肩膀磨破了，血肉模糊，每走一步都钻心地痛，但他咬牙坚持不松劲儿。看到战友们步履艰难，躺在担架上的周恩来心里十分难过，几次从担架上起身翻下来，同志们一次又一次把他重新扶上担架。这一翻一扶，包含了多么深切的亲情和友情啊。

周恩来对这段战友之情刻骨难忘。革命胜利后，杨立三、陈赓都先于周恩来离世，周恩来万分悲痛。1954年，杨立三病故，周恩来无论如何要为他抬棺送葬；1961年陈赓去世，周恩来亲笔为他题写了三张"陈赓同志之骨灰"供雕刻在骨灰盒外

出席杨立三同志葬礼

陈赓同志之骨灰

1903—1961

罩上。周恩来请邓颖超把这三张题字送到陈赓家中，供他夫人傅涯选用。傅涯感动地说："这三张题字体现了老一辈革命家情谊至深。"

对战友恩情的报答，周恩来有着自己的见解。他认为，最好的报答方式就是努力工作，好好为人民服务，把他们未竟的事业进行下去。

这是一种多么崇高的境界啊！

叁

自强自立

20

少年周恩来在当铺前

艰难时光磨砺出自强自立的少年

　　周恩来出身于没落的封建官僚家庭，但从他的身上，从来看不到纨绔子弟的浮夸作风和骄傲之气。少年周恩来，是一个自立自强、懂得生活艰难的人。

　　1908 年前后，他的生母和嗣母因病先后去世，周恩来带着比他更幼小的两个弟弟（9 岁的恩溥和 4 岁的恩寿），在淮安老家艰难度日。

　　当时，周恩来只有 10 岁。可是，父亲和四伯父在外地谋事，收入都很微薄；八叔从年轻时起就偏瘫在床，出行困难。这个大家庭里有什么应酬的事情需要出头露面的时候，周恩来

少年周恩来

就是全家能出动的最年长的男子了，尽管他年龄还那么小，却没有谁可以代他承担。

周家没有田产，只有驸马巷里那所祖辈留下来的房屋。有一段时间日子太过艰难，要债的人络绎上门，一部分房屋也不得不抵押出去了。有时伯父寄些钱回来，才还掉一笔账。借贷无门时，周恩来只能和八婶母商量，把母亲的一些遗物拿到当铺去典当。但是，封建家庭素来好面子，爱摆空场面，各种礼仪和规矩特别多，即便里子已那么破落，外头的场面还得硬撑。周恩来后来回忆道："我从小就懂得生活艰难。父亲常外出，我十岁、十一岁即开始当家，照管家里柴米油盐，外出应酬。"他在墙上贴上一张纸，按照封建家庭的习俗，"要把亲戚们的生日、死期都记下来。到时候还要借钱送礼。东家西家都要去，还要到处磕头"。

面对这副生活的重担，周恩来没有怨天尤人，他咬紧牙关，默默地承担起这一应家事。尽管生活艰难，但自立自强的周恩来从未忘记读书上进，他时常抽空到表舅龚荫荪的家塾里读书。龚荫荪的思想倾向维新，曾去日本考察，家里除许多古籍外，还有不少宣传近代西方文明的新书和报刊。周恩来曾把龚荫荪称作自己政治上的启蒙老师。龚家的表姐们和他共同学习，在一起做组诗等游戏。只有在这里，周恩来才可以获得一点孩子的短暂欢乐。

那时，在周恩来面前，短时间内还没有第二条可供他选择的人生道路。这种凄凉的经历，使他从小就懂得生活的艰难，磨炼了他的同年龄似乎不很相称的精明果断、富有条理的办事能力，也在他幼小的心灵里深深地埋下对封建家庭和习俗的强烈憎恨。

周恩来12岁那年，他的第一次人生转折出现了。伯父周贻赓在奉天（今辽宁省）度支司（相当于财政局）俸饷科已升任科员，生活稍稍安定一些。周恩来平时常同他通信，家里有什么难处理的事总是写信同伯父商量。伯父自己没有子女，十分喜爱这个侄儿的才学，也很同情他的处境，这时便写信要周恩来到东北去，跟随自己生活。

命运在周恩来面前开启了一条通向光明的路，他离开了淮安的家，走向了更加广阔的天地。

江苏淮安周恩来故居正门

21

周恩来在梅园新村写信

人生赖奋斗而存

抗日战争胜利后，周恩来担起新的使命。

1946年5月，周恩来率中共代表团抵达南京，入住梅园新村30号，主持中共代表团同国民党方面的谈判。中国共产党希望通过谈判，争取实现国内和平，避免内战发生。

梅园新村外景

《苏北日报》刊登了周恩来抵达南京的消息。这个消息惊动了跟周恩来从小一起玩耍，但多年未曾谋面的堂兄周恩夔（kuí）。

周恩夔，字铁仙，是周恩来六伯父周嵩尧的独子，从小被娇惯，读书不多，又患有腿疾，成年后一直没有找到称心的工作。听说做了"大官"的堂弟周恩来到了南京，周恩夔很高兴，立即给周恩来写了封信，提出去南京看望。周恩来收到来信后，约周恩夔到南京见面。其实，当时国内形势相当紧张，周恩来非常繁忙，但想到手足之情，他还是挤出时间见了周恩夔夫妇。

周恩夔夫妇从扬州老家赶到南京梅园新村 30 号周恩来住所。在交谈中，周恩夔向周恩来提出，希望弟弟出面帮他安排一份工作。周恩来当时没有回应他的要求。

因为"正值万忙之中"，周恩来没有时间再约周恩夔见面了，于是他提笔给周恩夔写了一封信，信中讲了几层意思：其一是劝周恩夔看清形势，"旧社会日趋没落，吾家亦同此命运，理有固然，宁庸回恋"。其二是提醒周恩夔要靠自己的努力去生活，即"人生赖奋斗而存"的道理。其三是告诉周恩夔"弟处他人檐下，实无可为助""目前局势，正在变化万端，兄嫂亦即返扬，俾免六伯父悬念"。

在信中，周恩来特别说道："设大局能转危为安，或有机缘再见，届时亦当劝兄嫂作生产计也。"

为了帮助周恩夔夫妇返回扬州，周恩来从自己的公家补助

1946年6月11日，周恩来致四哥周恩夔、四嫂陆淑珍信

金中拿了5万元，作为他们的归途费用。

虽然周恩夔对此次南京之行略有失望，但其妻子陆淑珍把周恩来的这封信收藏了起来，使之成为人们了解周恩来人生信仰和品格的珍贵文献。

周恩来以一生践行了"人生赖奋斗而存"的道理。

"人生赖奋斗而存"，如今成为很多青年学子的座右铭。

22

周恩来同侄子周尔鎏、周尔均谈话

严中有爱

周恩霔（zhù）是周恩来一辈中最小的兄弟。

在革命战争年代，特别是在上海的白色恐怖时期，周恩霔的家曾经是周恩来秘密工作的隐蔽所，为周恩来提供过很多的帮助。

周恩霔的两个儿子都是在周恩来的关心下成长起来的。长子周尔鎏在教育和外交领域工作多年，曾担任北京大学副校长，并出任中国驻英国的文化参赞等职；次子周尔均则长期在军队工作，是周家走出的唯一一位将军。

周恩来对侄辈们的要求一向很严格，鼓励他们一定要自强自立，奋斗进取。周恩来的教诲激励周尔鎏和周尔均在不同的工作岗位上做出了不平凡的贡献。

1956年，国家急需外语人才，周恩来的母校南开大学重建外语系，周尔鎏听从伯伯的建议，经过慎重考虑，重新回到母校学习英语，为日后在外交战线的工作奠定了坚实的基础。如周尔鎏所说，他成绩的取得，是因为得到周恩来和邓颖超无微不至的关怀，周恩来对他工作和思想上的教诲，成为他的人生

周恩来、邓颖超对亲属既严格又爱护。图为1956年7月13日，邓颖超寄给侄儿周尔鎏的家信

准则，受用一生。

周恩来对侄辈们的要求非常严格，甚至有时过于严苛，但侄辈们的体会却是深感严中有爱。周尔均曾撰文回忆伯伯周恩来，题目是《看似无情胜有情》，文中以过往的细节，表达了对周恩来严中有爱的体会，文中称周恩来对他们的严是"一种真正的爱，发自内心的爱"。

对周尔均来说，最难忘的细节是14岁那年第一次见到周恩来的情景。虽然一些具体的谈话内容忘记了，但他记住了伯

伯的一句话"要自强自立，要靠自己"，记了一辈子。高中毕业那年，周尔均不满 17 岁，那时上海刚刚解放，根据祖国的需要，周尔均参加了中国人民解放军，跟随刘邓大军南下，在战争中锻炼成长，从一个普通士兵成长为一名将军，特别是在人民解放军教育领域取得突出的成绩。

青春是用来奋斗的，周尔鎏和周尔均的青春风采在周恩来的关爱下绽放。

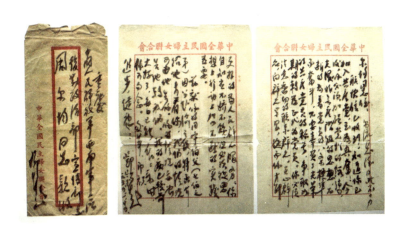

周恩来、邓颖超对亲属既严格又爱护。图为 1954 年 1 月 24 日，邓颖超寄给周尔均的家信

23

侄女周秉德与学生在一起

支持秉德做乡村女教师

周恩来的弟弟周恩寿（字同宇）子女较多，周秉德是他和妻子王士琴的第一个女儿。周秉德从小在周恩来、邓颖超的关怀教育下成长，得到了伯伯周恩来、七妈邓颖超无微不至的关怀。

1952年春夏之交，周秉德从北京师范大学附属女子中学初中快毕业了。在老师和同学眼里，周秉德平时学习成绩优秀，凭她的能力和水平考上本校高中是不难的，高中毕业考大学或去苏联留学更不成问题。没想到的是，周秉德做出了另外的选择。

周秉德著《我的伯父伯母周恩来邓颖超》书影

当时，北京正在上映一部苏联电影《乡村女教师》，电影描写了女主人公瓦尔瓦娜置身乡村，为小学教育呕心沥血的故事。看过电影后，周秉德被女主人公的故事深深打动。

周末放学后，周秉德回到西花厅。她在饭桌上，向伯伯、七妈宣布了她准备放弃考高中，报名上师范学校的决定。

邓颖超当即表示支持。周恩来则说："秉德独立思考自己的志愿好嘛。但是，还应该听听自己爸爸妈妈的意见，对不对？"

周秉德回到家，对父母讲起自己的理想时，爸爸没开口，妈妈反应却很快，表示了不同意见："秉德，你学习成绩很好，应该继续读高中、读大学。女孩子一定要学有专长，有自己的本领才行呀！"

周秉德对妈妈说："妈妈，现在我们国家还很穷，很落后，尤其是农村，太多的孩子没有学上，他们将来长大了就是文盲，那里太需要小学老师了。我愿意学习苏联乡村女教师，把一个个农村孩子培养成国家的栋梁之材。"

但妈妈还是为秉德放弃高中，甚至放弃留学苏联的机会而感到惋惜。周秉德又说："妈妈，这些天我确实也经过了认真考虑，伯伯一直教导我，每个人考虑问题的出发点，一定是要把国家的需要放在第一位，不该从个人的发展出发！"最后，在一旁的爸爸一锤定音，支持了周秉德的决定。

不久，周秉德终于如愿以偿，被保送进北京师范学校。经过三年的努力学习，毕业前学校通知说，有四分之一的学生可以报名上师范大学。许多同学踊跃报名，而周秉德却在作文上表态说：现在许多学龄儿童不能入学，一个主要原因是师资不够，国家培养我们三年，我们应赶快加入教师行列，让所有该入学的儿童有机会入学。毕业后，她被分配到北京东郊区第三中心小学当老师，实现了自己当女教师的梦想。

学校党支部认为周秉德思想觉悟高，在毕业前发展她加入中国共产党，这一年，周秉德刚满 18 岁。在伯伯周恩来自强自立思想的鼓励下，她做出了人生正确的选择。

24

侄子周秉钧在机场工作

鼓励侄儿弃学从军开飞机

周秉钧是周恩来胞弟周恩寿的长子，在 1949 年到 1955 年间，一直跟随周恩来、邓颖超夫妇生活在中南海西花厅。

1961 年夏天，周秉钧高中毕业，准备考大学。到填写考大学的志愿书时，他却犹豫起来，是参军还是上大学呢？

纠结之际，他接到周恩来要和他谈话的通知。

周恩来同周秉钧的谈话是在饭桌上进行的。

周恩来问他："高考打算报哪个学校？"周秉钧说："清华无线电系。"周恩来又问："准备得怎么样了？"周秉钧说："问题不大。"周恩来话锋一转："想不想参军？"周秉钧说："想啊，我从小就想当兵！现在正在参加空军选拔飞行员的体检和考核。这是千里挑一的事情，很难通过，所以就没有跟您说。"周恩来继续问："现在进行得怎样了？"周秉钧回答："还顺利，区、市体检都通过了，现在只差到空军总医院去做专业检查了。"周恩来问："有把握吗？"周秉钧答："有！即使当不成飞行员，也可以到海军去。"周恩来又问："万一不合格，去服兵役怎么样？"周秉钧坚定地说："行！去服兵役。"

　　这一问一答，一答一问，持续了几分钟。周恩来对周秉钧的回答很满意。他告诉周秉钧，今年农村受了灾，需要劳动力，复员军人都回农村从事农业生产。如果城市青年应征参军，可以少抽或不抽农村劳动力服兵役，减少农村征兵数。由城市青年参军，既能减少城市人口，也可以减轻农村的负担。周恩来对周秉钧说："你不参加高考怎么样？"周秉钧虽然心里没有完全想通为什么不参加高考，但仍然答应了周恩来的要求，表示可以放弃高考。

　　不久后，周秉钧被空军录取为飞行员，驾驶战斗机，保卫祖国的领空。周秉钧飞了近20年战斗机，在部队工作了30多年。来到部队后，他进一步明白了周恩来找他谈话的原因：他希望干部们以身作则，在国家需要的时候带头送子女参军，以保证农村劳动力。

　　周秉钧没有辜负周恩来的期望。周恩来因为这件事曾向他人说过，"秉钧是个听话的孩子"。

机场中的飞机

回想起多年前的那次谈话，以及自己的军旅生涯，周秉钧坦言自己从来没有为放弃高考去参军而后悔，因为，这是他在周恩来的鼓励下走向社会独立自强的开始。

25

侄女周秉建在草原

鼓励小六弃军从牧做草原女儿

周秉建是周恩来胞弟周恩寿的女儿，在周家六兄妹中年龄最小，排行老六。周恩来、邓颖超都亲切地叫她小六。

1968年夏天，15岁的周秉建响应毛泽东"广阔天地大有作为"的号召，和千千万万城市知识青年一样，报名上山下乡，来到内蒙古牧区落户。

两年后，部队到牧区招兵，周秉建符合条件应召入伍。1971年元旦那天，周秉建穿着崭新的军装，回到北京见周恩来和邓颖超。进入西花厅时，已是掌灯时分，周恩来已经站在里院的门口等她。周秉建向周恩来恭恭敬敬地敬了个军礼。没想到，周恩来一边拉着她的手，一边微笑地问她：秉建，你能不能脱下军装回到内蒙古去？因为没有思想准备，周秉建一时不知道怎么回答。

当天晚上，周恩来特意把周秉建留下来吃晚饭。在饭桌上，周秉建难过地流下眼泪。周恩来开导她说："你参军虽然合乎手续，但是在内蒙古那么多人里面能够挑上你来当兵，还不是看在我们的面子上？这样搞特殊化不好。你要回到草原去，回到贫下中牧身边，继续接受再教育。应该让贫下中农（牧）和工人的子女到部队，把参军的机会让给他们。"

这顿饭周秉建没有吃好，她也没有完全想通，但还是答应了周恩来的要求。回到部队后，周秉建向有关领导做了汇报，并且写了书面申请报告，做好回到草原的准备。

对于这段往事，周恩来、邓颖超的秘书赵炜记得很清楚，她说："当时身边工作人员的孩子中也有这种问题。我理解，周总理是以他的表率作用影响身边的同志。"

回到牧区后，周秉建经过踏踏实实的劳动，加入了中国共产党，后来又被选为大队党支部副书记。

1972年春节，周秉建回北京过年。在吃饭的餐桌上，周恩来对周秉建又有了新的要求，希望她能找一个蒙古族青年在草原安家。

内蒙古草原

1977年的春天，周秉建认识了蒙古族歌手拉苏荣。

周秉建实现了当年对伯伯周恩来的承诺，与拉苏荣从相识到相爱。1979年，他们结为伉俪。

从此，内蒙古成为周秉建名副其实的第二故乡。周秉建在这里一待就是近30年，以自强不息的精神，与这个马背上的民族融合在了一起。

26

侄子周荣庆和侄媳晋菊清合影

"布衣暖，菜根香"

周恩溥是周恩来的大弟，成年后，他跟随家中伯父在东北、山东等地做生意。那个年代，时局不稳，灾祸连连，因此，做生意这条路充满了艰险。

周恩溥的日子过得很艰苦，但他为人真诚善良，对待任何事情都是尽职尽责。周恩溥和王兰芳结婚后，生下一个男孩，取名周荣庆。

1945年，周恩溥在山东潍坊逝世，年仅46岁。家中留下生病的妻子王兰芳和儿子周荣庆。

新中国成立后，周恩来十分关心王兰芳和周荣庆母子的生活，尽心尽力地帮助他们。为了王兰芳的身体尽快好转，周恩来从自己的工资中抽出一部分来资助他们，同时告诉后辈们，一定要学会自食其力，靠自己的努力改变生活。

周荣庆长大之后去了北京志愿军医院，做一名宣传文化干事。在工作岗位上，周荣庆行事一贯低调，从来没有炫耀过自己的身份，而是始终兢兢业业地做好自己的本职工作。

1953年，国家要选拔一批机关干部下基层，周恩来鼓励周

周荣庆是周恩来大弟周恩溥的儿子，父亲去世后，在母亲的抚养下长大成人。他严守周恩来的家风，行事低调，自强自立，多次服从组织调动，最终在河南焦作的钢铁厂工作，直至退休。1958 年，周恩来为下基层锻炼的周荣庆写下寄语："布衣暖，菜根香，学习滋味长。"

荣庆做出表率，主动申请去基层工作。他对周荣庆说：这样做一来是获得一个很好的锻炼机会，二来也可以在新的岗位做出一番事业。周荣庆听从伯父的建议，去了河南汲县的一所卫生学校工作。

后来，周荣庆又服从组织需要，被调到焦作的一座钢铁厂工作。在这里，他遇见了自己人生的伴侣晋菊清，两个人相识相知相爱，最终他们都留在了焦作这个地方，再没有离开过。在这里，他们一家人幸福地生活在一起。

晋菊清和周荣庆刚在一起时，还不知道他的真实身份，因为周荣庆给大家的印象就是一个普普通通的人，非常低调，也正是因为周荣庆的低调和真诚，晋菊清被深深吸引。后来晋菊清从别人的口中听说了周荣庆的家庭背景，感到很惊讶，没想到自己的心上人竟然就是周恩来的侄子。最初她很不理解为什么周荣庆不告诉自己。同时，知道周荣庆的身世之后，晋菊清也有些害怕自己会配不上他。周荣庆听完晋菊清的"抱怨"和担心后，对她说："伯父是伯父，我是我，伯父的身份对我来说并没有什么特殊性。"

在母亲和亲友们的支持下，周荣庆和晋菊清喜结连理，两个人婚后的生活平静又幸福。后来，周荣庆夫妇有机会和伯父周恩来以及伯母邓颖超见面，得到了长辈的谆谆教诲。周荣庆夫妇对待自己的子女要求严格，教导他们自食其力、勤俭节约，低调本分做人。周恩来培育的周家家风不知不觉地影响了一代又一代的人。

肆

节俭朴素

27

周恩来坚持勤俭建国，带头在简朴环境办公

做勤俭建国的表率

周恩来是中华人民共和国成立后的第一任外交部部长。

当时，新中国刚刚建立，百废待兴，建设资金要用在最需要的地方。为落实勤俭建国的方针，周恩来对自己主管的部门要求非常严格，从不批准大兴土木。他对当时的外交部副部长李克农说：在我当外交部部长的时候，不得建造新的大楼，也不许增添更多的房子和办公用具，一定要勤俭办外交。

1950 年 11 月 1 日，周恩来在获悉外交部要修建中央人民政府外交部办公楼一事后，专门写信给外交部办公厅主任王炳南等，提出具体要求。信中写道：

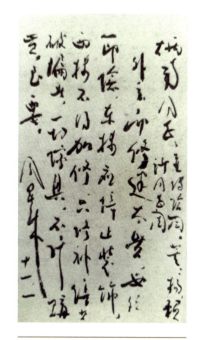

新中国成立初期，百废待兴。周恩来坚持贯彻勤俭建国的方针。图为 1950 年 11 月，周恩来给外交部办公厅主任王炳南的亲笔信，信中要求外交部注意勤俭节约

"外交部修建太费，必须节俭。东楼应停止装饰。西楼不得加修，只修补缮其破漏者。一切家具，不许购买，至要。"

同样，周恩来也不准修建政府办公大楼。1958年，为迎接国庆10周年，经中央和国务院批准，在北京修建人民大会堂等"十大建筑"。在此期间，有关部门提出修建政府办公大楼的计划，并制作了从西安门大街到西长安街之间修建政府大楼的图纸。周恩来知道后，不仅没有批转，而且批评了有关同志。

周恩来说：我们共产党是为人民服务的，不能讲排场，只要我当一天总理，就不盖政府大楼。

总理办公室主任童小鹏回忆说：不久有关部门再次提起修建政府大楼的事，且呈出了设计图纸。周恩来依然不同意。一天晚上，他把国务院主管机关事务管理局的副秘书长高登榜找去了解要盖大楼的情况。

周恩来严肃地说："只要我当总理，你们就要把大兴土木的念头取消，国务院不能带这个头。"

他征求国务院秘书长习仲勋的意见时，习仲勋说："人民大会堂是人民代表开会讨论国家大事的地方，需要建筑。中南海这个地方，过去袁世凯、段祺瑞他们办过公，我们拾掇一下就可以了，不一定要盖办公大楼。如果要盖办公大楼，不是府右街一片民房都要拆掉？！"

周恩来说："你的意见很好，和我的想法一样，国务院不需要盖办公大楼。"

他又一次宣布："在我担任国务院总理期间，绝对不盖政府办公大楼。"他郑重地把国务院办公大楼这项建筑计划撤销了。

　　周恩来这样做，为的是要国务院成为艰苦奋斗、勤俭节约的表率，集中更多资金投到国民经济的建设中去，让老百姓尽快过上好日子。

新中国成立之初，百废待兴，周恩来从中国传统文化中汲取了四个字：勤俭建国。周恩来对分管外交部工作的李克农说："在我当外交部部长的时候，不得建造新的大楼，也不许增添更多的房子和办公用具，一定要勤俭办外交。"（图为外交部旧址）

28

周恩来同西花厅工作人员谈话

不准修缮西花厅

新中国成立后，中南海西花厅是周恩来、邓颖超办公和居住的地方，也是国务院总理办公室所在地。

西花厅的历史可以追溯到清朝末年。这里是清朝末代皇帝溥仪为他的父亲载沣修建的西花园，位于中南海西北角，两面临街，由于年久失修，到周恩来居住的时候，房屋已经很破旧了。

周秉德回忆说："西花厅周围的环境虽好，但房子年久失修，有些木头也都糟朽了、油漆剥落了。因为地面都是方砖，比较潮湿，所以有时候伯伯夜间办公的时候，经常会犯关节炎或者腿疼的毛病。"

周恩来有一位负责生活和保卫工作的秘书，他觉得老房子潮湿，对周恩来的身体不好，为此多次提出修缮房子，但周恩来执意不肯。有一次趁着周恩来、邓颖超去外地视察的机会，他和建筑部门说好，对西花厅进行保护性修缮：把方砖地全部改成木板地；换下腐朽的梁柱，简单地漆油和刷墙；在办公室加一个吊灯，换下破旧的窗帘；把普通的木板床换成比较好一些的床……

　　周恩来回来一看，大发雷霆，说：“你们没有得到我的允许，怎么能这么做？”他让秘书把换过的东西再换回来，不然就不在西花厅居住。最终，秘书把能换的窗帘和床换了回来，但是地板已经铺好，再更换的话，又是一笔费用，不是节俭而是浪费了。周恩来让秘书算账，换过的东西他要个人付款，不能用国家的钱。周恩来说：“我们国家现在这么困难，各方面建设都需要资金，怎么能用公款为我家里面修房子？这是不能允许、不能容忍的。”

　　为这件事，周恩来在最高国务会议上，两次做自我批评，把修房子的责任全部揽到自己身上。

　　后来，周恩来的侄子问他：“西花厅确实太破旧了，从维护国家财产的角度维修一下不对吗？”

　　周恩来回答说：“你讲得有一定道理，但是你要知道，现在我们国家还不富裕，很多群众还没有房子住，我这样怎么能够心安呢？”“我身为总理，带个好头，影响一大片；带个坏头，也要影响一大片，所以我必须严格要求自己！”

　　周恩来在世时，他的住所唯一一次维修，就是以这样的结果而告终，但给历史留下的却是一段清正廉洁、严于律己的佳话。

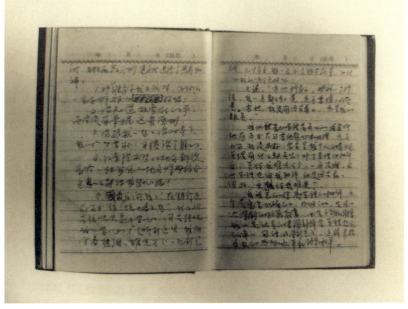

周恩来秘书关于修缮西花厅的日记

29

侄女周秉德试穿衬衣

秉德，做两身衣服太浪费

　　周恩来不仅自己节俭朴素，对亲属的要求也十分"苛刻"。

　　1949年夏天，周恩来把侄女周秉德接到当时自己的住处——北京中南海读书和生活。年仅12岁的周秉德从天津来的时候，只带了两条裙子。天热的日子里倒没什么关系，两条裙子可以替换着穿。眼看就要到8月底了，周秉德从天津来时带来的两身小花衣裙已显得单薄了。由于来得仓促，她没有带来可替换的衣裤。周恩来的卫士长成元功知道后，利用休息的时间，骑着自行车，带着周秉德，到王府井给她采买衣服。路上，成元功边骑车边说："你快开学了，北京的秋天说冷就冷，咱们去给你做两套秋天穿的衣裤。"

　　在一个小门脸的服装店，成元功停下车，带周秉德走进去。老师傅为周秉德细致地量了身高肥瘦，然后对成元功说，过两天就来拿。几天后，新衣服做好了，很漂亮，穿在周秉德身上长短肥瘦正合适，好精神啊！

　　吃饭前，周秉德穿着新衣服，笑盈盈地站在桌前。周恩来看见了，上下打量后，头一歪说："刚做的？不错！"

过了一个星期，周秉德换上第二套新衣服，是黄色的。周恩来正从院子里走向办公室，一看见周秉德，停下脚步，皱起了眉头，说了一句："怎么又一套？浪费！"

邓颖超为周秉德解释说："马上要开学了，秉德住校，总要有两身衣服换洗嘛！"

1914年，周恩来在南开中学时的留影

周恩来说："我在南开上中学也住校嘛，夏天就一件单布长衫，冬天也只一件藏青棉袍。夏天，每次周六回到四伯母家里，第一件事就是脱下长衫洗净晾干，周一再带回学校去穿，一样干干净净嘛。"

"要是下雨衣服不干呢？"周秉德有点不服气，追问了一句。

"那就放在炉子上慢慢烘干。"周恩来对她说，"那时候，你四爷爷、四奶奶抚养着我们好几个大男孩，收入不高，家里十分困难……"

周秉德有点委屈地说："这都是上一次一起买的，叔叔给我买了两身。"

周恩来语气缓和些，意味深长地说："现在我们刚进城，国家也十分困难，我们过日子还是要节省，对不对？"

　　周恩来的教诲，周秉德记了一辈子。她养成了勤俭节约、艰苦朴素的生活习惯，这种习惯影响了她的一生。

30

中国驻埃及大使陈家康的夫人徐克立为周恩来洗衣服

衬衣旧一点没关系

　　1954 年日内瓦会议期间，周恩来要到气候炎热的印度访问，就在瑞士买了两件衬衣，每件衬衣都有备用的领口和袖口。他觉得很好，说："衬衣的领子、袖口最容易破，如果换上备用的，就可以接着穿了，我们应该借鉴。"于是，周恩来每次做衬衣时，都要求工作人员多买几尺布，做出备用的领子和袖口。这样，他的衬衣一穿就是很多年。

　　1963 年，周恩来开始出访亚非欧十四国，这是新中国一次重要的外事活动。在为代表团成员置装时，周恩来只同意给自己做两套中山装，衬衣却是坚决不让做。看到领口、袖口已经

周恩来访问亚非欧十四国时穿过的白衬衣

起毛的衬衣，卫士高振普等人只好买了布，做了崭新的领口、袖口换上。周恩来穿上后说："这不是挺好的嘛！穿在里面的衣服，旧一点没关系。"

到了国外，这样破旧的衬衣怎么能让外国人洗？衬衣都是用布做的，用洗衣机搅坏了怎么办？于是，每到一地，工作人员就让中国使馆的人将衣服拿去手洗，洗完后再送回来。周恩来的衣服往往都是大使夫人亲自手洗的。

此次出访的首站是阿拉伯联合共和国（1958年2月由埃及同叙利亚合并组成），中国驻埃及大使陈家康的夫人徐克立亲自为周恩来洗衣服。在送还衣服时，她向工作人员发火了："你们太不像话！我们堂堂中华人民共和国的总理，你们给他穿这样的衣服出国？我们大使馆工作人员穿的衬衣也比总理的好！"

徐克立和周恩来比较熟悉。卫士长成元功向她解释说："总理在国内一直穿这样的衬衣，不让我们做新衣服。"

"那不行！"徐克立说着，从包里掏出三件衬衣，"这是我们用自己的钱买的，你们交给总理穿。"

卫士不敢收，但又不便拒绝这位好心的大使夫人，只好说："那就请您自己去送给总理吧。"

徐克立去找周恩来，结果"碰了壁"。当她说明来意后，周恩来说："你们的钱是哪儿来的？你们用的外汇还不是国家发的？我要是需要衬衣的话，在国内就做了，用不着在国外用外汇买衬衣吧。"

衬衣被周恩来拒绝后，徐克立又找到工作人员，把衣服强塞给他们，扭头就走。

得知这个情况后，周恩来对工作人员笑着说："你们谁收的衬衣谁穿！"可是谁也不敢穿这些外国衬衣。于是，这三件衬衣就放在了箱子里，一直随着代表团周游了 14 个国家。

回到北京，总理办公室党支部研究决定，把这些衬衣送给了办公室工资低、孩子多的同志。

伍 全面发展

31

少年周恩来和两位好友同何殿甲老爷爷察看烟龙山

图自强兮在尔少年

周恩来在东关模范学校读书时，结识了两个志同道合的好友——何履祯、何天章。每年暑假，周恩来都跟随他们到奉天南郊魏家楼子何履祯的家中玩耍。

魏家楼子是一个承载着中国人苦痛回忆的地方。

周恩来跟随伯父初到东北时，便听说过日俄战争的故事。而到了魏家楼子亲眼看见战争遗迹，他更是有了"眼见为实"的切身感受：村后的山上留有沙俄立下的碑，村东头的烟龙山上有日本军国主义者所建的塔，而魏家楼子就是俄军指挥部所在地。

1911年暑假，周恩来第一次见到何履祯的爷爷何殿甲。何殿甲是一位学识渊博、颇有爱国心的私塾先生。他热情地接待了周恩来，并带着三个少年察看村东的烟龙山。

战乱给烟龙山和魏家楼子留下的是残垣断壁，设于村外的战壕、炮楼犹在。当地的老人向他们悲愤地诉说沙俄军队血洗这个村子时的悲惨情景，给少年周恩来以强烈的震撼。

回家之后，何殿甲写下一首《登东山歌》，送给周恩来。

诗中写道：

"登彼龙山兮山巅，望彼河水兮潺潺。忆甲辰年兮神往，想日俄战兮心酸。

"……吾已生于斯兮长于斯，恨不能翱翔兮五湖烟。今吾老兮有何志愿？图自强兮在尔少年！"

何殿甲的真诚期望，深深铭刻在周恩来的心坎儿里。

1913年夏天，周恩来第三次，也是最后一次来魏家楼子，向它告别。三年中，何殿甲的讲述，使周恩来体悟到课堂之外的读书生活，受益匪浅。为此，他们结下忘年之交。

周恩来南赴天津之际，何殿甲老人连夜书写五首《赠周恩来南归诗》和一篇《赠周恩来文》相赠。其中一首《赠周恩来南归诗》写道："读书只在性情坚，莫学浮夸那少年。今日南归无物赠，略将诗句作金钱。"《赠周恩来文》列举了苏秦、司马相如等历史上的著名人物，说他们之所以能做出"非常之业"，获得"非常之才"的成就，都是因为经过刻苦的学习和坚韧的磨炼。老人的诗篇和赠言，激励着少年周恩来坚定成长的脚步。

周恩来在回顾自己青少年时的历程时曾说："我自己和大家一样受过旧教育，后来因为看到民族危亡、山河破碎而觉悟起来，参加了革命。"从爱国到革命，这几乎是近代中国所有先进知识分子走过的共同道路。

周恩来走上革命道路也是从这里起步的。

何殿甲先生写的《赠周恩来南归诗》《赠周恩来文》

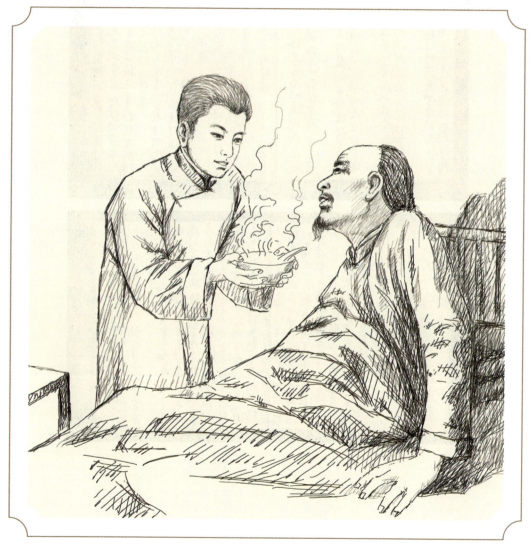

32

周恩来看望病倒在床上的老堂役吴大爷

善待工友

1910年秋，周恩来到东关模范学校（时名奉天第六两等小学堂）学习。东北的冬天来得很早，没过多久，天气渐渐凉了。

东关模范学校有一个姓吴的老堂役，在秋末冬初气温突变的时候，不小心受寒病倒了。

一天，周恩来在学校没有见到每天来烧水的吴老汉，心里

东关模范学校前楼

很纳闷：吴老汉兢兢业业，从来不会误了给学校师生烧水，天气这么冷，他怎么没来给大家烧水呢？

放学后，周恩来来到吴老汉的住处，发现吴老汉病倒在床上，不时地发出呻吟声。

周恩来走上前去，问道："吴大爷，您怎么了？不舒服吗？"

吴老汉睁开眼睛一看，是刚来学校不久的周恩来。他闭上眼睛点点头，又伸出手来，朝周恩来有气无力地挥了挥手，意思是说：我没事，你走吧。

周恩来站在吴老汉的身边，想了想，没说什么，走出了吴老汉的小屋。

第二天，学校的师生们发现，中断了一天的开水又恢复了，校园里的小路也被早早地打扫干净了！大家都以为吴老汉肯定是昨天有事，耽误了一天干活儿。

晚上放学后，周恩来又来到吴老汉的那间小屋。

"吴大爷，您好一些了吗？"

吴老汉睁眼一看："是周恩来吧？你怎么又来了？"

"吴大爷，这里是八个铜圆，您去买点药吃，病很快就能好了。为学校烧水的事情您不用操心，我会烧水，我先来做。"

周恩来放下钱，快步走出了小屋。

吴老汉手捧八个铜圆，一时不知说什么好。

过几天，吴老汉的风寒完全好了，他又回到学校工作了。进学校第一件事，吴老汉就去找魏校长，把事情原原本本告诉了他。吴老汉感动地说："我闹了一场病倒没什么，你看他家很清苦，还给我八个铜圆，这叫我怎么过意得去！"

魏校长当然知道这个叫周恩来的学生，他的生活很清苦，从不乱花一文钱，每天中午只在校门口买两个烧饼，喝大碗白开水充饥。作为家长的四伯父对周恩来要求虽严格，有时也会给他一些钱零用，但周恩来从不乱花，都用来买书了。八个铜圆，他得攒很多日子，但他在面对穷苦的工友病重难起身的时候，却能毫不犹豫地献出自己本用于买书的金钱，这种做人的大义和为人的胸襟，令魏校长对年轻的周恩来另眼相看。

33

周恩来在南开东楼走廊内整理衣冠

南开学校的"整容镜"

1913年，周恩来随工作调动的四伯父来到天津，考入南开学校（今天津市南开中学）。南开学校的教育，首先是仪表教育，对周恩来的一生产生重要影响。

在南开学校东楼走廊内，竖立着一面"整容镜"，镜子上方，是刻在木匾上的"容止格言"。容止格言共40个字，由天津教育家、南开学校的创始人严修亲笔书写。全文为："面必净，发必理，衣必整，钮必结。头容正，肩容平，胸容宽，背容直。气象：勿傲、勿暴、勿怠；颜色：宜和、宜静、宜庄。"它的字面意思很简单，含义却极为深刻，能持之以恒地按其要求去做则更加困难。

安置在南开学校东楼前厅的"容止格言"匾和整容镜

　　1913 年 8 月 19 日，是周恩来入学第一天，他同前来报到的同学们一起走进东楼，看到了门口左侧悬挂的"容止格言"横匾以及其下的这面长方形玻璃镜子。他好奇地看着这面从未见过的宝镜，驻足照照自己，人影毕见。对照格言，他不由自主地摩挲头发，整理衣冠，然后去报到处办理入学手续。这便是整容镜和"容止格言"横匾留给周恩来的第一印象。

　　此后，周恩来每天来上学，都要根据容止格言的规定，面对整容镜检查自己的仪容与举止。正是南开学校这种对学生仪表的严格要求和日常锻炼，培养了周恩来动人的风采和高尚的精神。

　　"容止格言"是矫正当时社会上萎靡不振之风，使青年人保持精神饱满、生气勃勃的好办法。甚至在今天，它依然有着深刻而现实的教育作用。青少年只有在平时养成良好的习惯，并长久地坚持下去，才能端正举止，塑造品格，并对自己的一生产生重要影响。

　　整容镜不仅使许多南开校友难以忘怀，就连西方的参观者们也颇为称赞。当时，美国哈佛大学校长伊利奥（Dr. Elliot）来中国参观，看到南开学校学生的仪态和别的学校学生不一样，觉得很奇怪。当他看到这面整容镜和"容止格言"后，恍然大悟，深感这面镜子和这些格言的作用，大为赞赏。回国后，他就派人前来拍照，并在美国的报刊上发表文章，进行宣传。

　　古人说："以铜为镜，可以正衣冠。"周恩来的风范和精神，就像一面铜镜，直到今天，依然无时不在地让我们以他为榜样，修正自己的仪表、行为，直至灵魂。天津南开学校"正衣冠，明容止"的整容镜和教育思想培养了青年周恩来律己修身的品格。"容止格言"，已经不仅仅是简单的对学生仪表的要求，更是中华民族的一种精神美学！

34

周恩来和同学发起组织学生团体"敬业乐群会"

参加"敬业乐群会"

1914年3月，在南开学校读书的周恩来和同学张瑞峰、常策欧发起组织学生团体"敬业乐群会"，其名称蕴含着"敬重学业，联络感情"的意思。该会的宗旨是："以智育为主体，而归宿于道德，联同学之感情，补教科之不及。"

张伯苓校长对"敬业乐群会"的成立给予了大力支持。他亲自参加成立大会，代表学校全体教员发表了热情洋溢的贺词。张校长一贯主张：学生在学校不单是读书，而且要学会办事，培养自己管理自己的能力。校方的倡导以及经济上的资助，为"敬业乐群会"提供了良好的外部条件。在"敬业乐群会"这个舞台上，周恩来的组织才能和领导艺术得到了初步的显示和全面的锻炼。

"敬业乐群会"成立之初，建立了智育部、稽古部、演说部、俱乐部、庶务部、编辑部，下设诗团、国文研究团、辩论团等，还创办了会刊《敬业》（创刊时称《敬业》，后又称《敬业学报》）。起初，周恩来担任智育部长，1915年9月当选副会长，不久任会长。他把很大精力投入"敬业乐群会"上，

1915 年，周恩来（左一）与敬业乐群会职员合影

兢兢业业，埋头苦干，组织、筹划各种活动，工作搞得有声有色。

　　周恩来领导智育部的第一项工作是发动会员捐献书籍，办起了"敬业乐群会"图书室。周恩来一次就捐献了《大同报》《立国根本谈》《东方杂志》《军人的模范》等 16 本书刊。图书室受到同学们的欢迎，一到课余，他们就来到这里读书看报。

　　在周恩来的主持下，"敬业乐群会"还经常召开时事座谈会，了解并讨论国家和世界大事。智育部把每周一、三、四、五的课余时间，定为会员活动时间。他们经常聘请老师做专题学术报告，有时还邀请校外知名人士来演讲中外大事，如吴玉章、蔡元培、黄炎培等人都曾接受"敬业乐群会"的邀请，来南开学校演讲，并与同学们座谈。这些活动，丰富了同学们的课余生活，开阔了大家的眼界，陶冶了同学们的爱国主义情操，培养了大家的学习兴趣。

"敬业乐群会"还组织会员走出校门，接触社会实际生活。1915年10月下旬，"敬业乐群会"由周恩来出面组织了会员参观团，到天津水产学校、高等工业学校及几所小学参观，了解当时的教育情况。参观后，他们就当时社会上流行的"教育救国"和"实业救国"的观点展开讨论。1916年5月下旬，该会又组织了一次参观活动。周恩来带领同学们参观了农业实验场、工业实验厂和农事讲习所，接触了一些近代工业的先进设备和技术。这些校外参观活动，使大家对社会有了切身的认识，收获很大。

"敬业乐群会"会员佩戴的纪念章

35

担任《敬业》学报经理部总经理的周恩来

创办《敬业》

　　周恩来在南开学校参与创建的学生团体"敬业乐群会"出版会刊《敬业》。周恩来由于国文成绩突出，文笔优秀，担任《敬业》经理部总经理。经理部就设在周恩来的寝室 —— 西斋三十五号。

　　《敬业》每半年出版一期，每年4月、10月出版，一共出了六期。稿件都是由周恩来组织、编辑的，内容分为杂俎、说海、文苑、补白等栏目，主要反映会员对时政的评论、学习的心得，报道会内各种活动。它内容丰富，体裁多样，文字清新，论理新颖，插图优美，装帧大方，每期一二百页，印刷一两千册，定价小洋二角，很受读者欢迎。

　　1914年10月，《敬业》创刊号出版，刊物的创刊词中写道：

周恩来就读南开中学时的宿舍床位

"吾辈生于20世纪竞争之时代，生于积弱不振之中国，生于外侮日逼，自顾不暇之危急时间，安忍坐视而不一救耶！"鲜明地表达了这本刊物的办刊宗旨。

周恩来在创刊号上发表诗作《春日偶成》："极目青郊外，烟霾布正浓。中原方逐鹿，博浪踵相踪。"表达了他对黑暗时政的忧愤之情。

《敬业》不仅吸引了学生的目光，也引得不少教师纷纷为刊物投稿。南开的国文教师张皞如，是个有着爱国民主思想的人。他应"敬业乐群会"的邀请，参加该会的诗团。1916年10月出版的《敬业》第五期上，发表了他的诗作《伤时事》。周恩来在同一期上用原韵和了一首："茫茫大陆起风云，举国昏沉岂足云。最是伤心秋又到，虫声唧唧不堪闻。"

1914年10月至1917年4月，周恩来参与创办、编辑的《敬业》刊物，后又称《敬业学报》，半年刊，大32开本

在《敬业》上，周恩来用"飞飞""翔宇""恩来"署名发表了许多诗歌、小说、评论文章等，后几期还专门开辟了"飞飞漫墨"专栏，发表他的小评论和杂感等。在周恩来"倍竭其力"的主编下，这份刊物办得生动活泼，文字清新，论理精辟，编辑印刷"为全校冠"！

36

周恩来（左一）在南开学校上演的新剧《仇大娘》中饰演范蕙娘

在新剧团的舞台上

南开学校有许多社团和学术研究会，著名的南开新剧团是其中之一。它成立于1914年，最早上演的新剧《用非所学》是由校长张伯苓编剧并导演的。

周恩来参加了南开新剧团，任布景部副部长，并参加新剧演出。那时，社会风气没有大开，男女不能同台演出。周恩来由于面貌清秀，在新剧团里，除负责布景外，常常在剧中饰演女角色，如《一元钱》中的孙慧娟、《仇大娘》中的范蕙娘、《恩怨缘》中的烧香妇、《千金全德》中的高桂英、《华娥传》中华娥，等等。在这些演出里，他的表演受到广泛的称赞。

1915年5月，周恩来（左二）在南开学校上演的新剧《仇大娘》中饰演范蕙娘

有的评论文章写道："于新剧尤其特长······粉墨登场，倾倒全场。原是凡津人士之曾观南开新剧者，无不耳君之名，而其于新剧团编作布景，无不赞助之功。"

周恩来办什么事都认真。在排练《一元钱》的时候，他常常和担任男主角的同学李福景一起揣摩剧情，说是要"生活于剧中"。时子周、马千里两位教员也参加了演出。《一元钱》的演出，曾在天津轰动一时，广得好评。南开新剧团的演出不仅受到本校师生的欢迎，而且得到京津许多地区观众的喜爱，可以说，其声誉已经超过了某些专业剧团。许多学校和专业剧团争相上演南开新剧团的演出剧目，在社会上产生比较大的影响。

周恩来不仅积极参加编新剧、演新剧，还是一位新剧理论的倡导者。1916年，周恩来写下《吾校新剧观》一文，倡导把新剧和"重整河山，复兴祖国"的大目标联系在一起，认为"是知今日之中国，欲收语言文字统一普及之效，是非藉通俗教育为之先不为功。而通俗教育最要之主旨，又在含极高之理论，施之有效之实事。若是者，其惟新剧乎！"他指出，新剧可以开民智、进民德，"施之以教，齐之以耻。生聚教训不十年，神州古国，或竟一跃列强国之林，亦意中事也。"周恩来关于新剧救国的观点，在当时影响不小，不少人受益匪浅。

南开新剧团除在校内演出外，还到京津两地演出并观摩。周恩来作为新剧团成员，时常到北京看别人演出南开新剧团的剧目，他自己参演的《一元钱》也曾来到北京演出。该戏表现的是一对青年男女不为贫富巨变所动，追求自主婚姻的感人故事，在南开学校演出以后受到好评，在京津两地也博得了戏剧界的广泛关注。

周恩来在新剧方面的实践和理论主张，不仅对于南开新剧的健康发展起了积极的推动作用，对于刚刚起步的中国话剧之成长也是十分有利的。

37

周恩来在校外设置的武术专馆习武

强身健体

　　强身健体，这个在今天看来很普通的行动，在周恩来青年时代，却具有警醒世人、振奋民魂的重要意义。

　　周恩来初到东北时，为了锻炼自己的体魄，一直坚持在凛冽寒风中跑步、踢球、做操。经过几年的生活和磨炼，他的体格锻炼得很强健。新中国成立后，已经身为总理的周恩来对辽宁大学的学生说过："我身体这样好，感谢你们东北的高粱米饭、大风、黄土，给了我很大的锻炼。"他又说，"吃高粱米，生活习惯改变了，长了骨骼，锻炼了肠胃，使身体能适应以后艰苦的战争年代和繁忙的工作。"

　　南开学校校长张伯苓早年曾在北洋水师服役，时常为中外士兵身体素质的巨大差异感到羞耻和痛心。后来，他提出了"强国必先强种，强种必先强身""强我种族，体育为先"的先进理念，并在南开学校的教学中大力倡导体育教育，以增强国民的身体素质，摘掉"东亚病夫"这顶耻辱的帽子。

　　周恩来在南开学校读书期间，已经意识到体育锻炼的重要性。他认为，学生要做到"读书、励行、健身"，在青少年时期就要"以发达身体、陶冶性情为第一要务"，自觉地将个人的身体健康与国家的救亡图存、前途命运紧密联系在一起。

周恩来在课余时间，喜欢长跑、篮球、网球、排球等运动。根据南开中学校刊《校风》记载，由于身体素质比北方同学偏弱，周恩来的体育成绩在班里并不是十分突出，但他积极参加体育锻炼，曾获得班级跳高第三名，并多次参与班级的排球、篮球比赛，而周恩来所在的丁二班常常在全校体育比赛中拔得头筹。

1915年，中国著名武术大师韩慕侠受严修、张伯苓之邀，出任南开学校武术教员。青年周恩来和不少同学一样，仰慕韩慕侠在武术界的威名，不仅在校内上好武术课，还追随韩慕侠，到他在校外设置的武术专馆习武。

周恩来约友入足球队的作文手稿

韩慕侠对弟子练功的要求十分严格，尤其是基本功的练习，更是毫不马虎。不少弟子因为不能吃苦，望而生畏。周恩来则不然，他遵照师父的要求，认真练习，打好习武的基础。凭借勤奋、刻苦，以及远大的志向、抱负，周恩来赢得了韩慕侠的喜爱。

韩慕侠与周恩来结下了超

越师生的深厚情谊。韩慕侠曾感慨地说："翔宇年少志高，深谋远虑……我教他怎样强身，他却教我怎样做人。"后来，周恩来还将自己旅日期间的照片和赴欧洲勤工俭学前夕与韩慕侠的合影送给他，作为纪念。

38

周恩来任《南开学校第十次第二组毕业同学录》主编

主编毕业同学录

前页图上的这本小册子出版于 1917 年 6 月，看上去极其普通，16 开的开本，算上封面、封底、前扉后衬不足 60 页。红色封面上竖排着两行由校董严修题写的书名《天津南开学校第十次第二组毕业同学录》。

这是一本有着极高文物价值和史料价值的书。因为，在这批毕业学生中有周恩来，而书的主编恰恰就是他。据该书"第四年史"记载：1917 年 1 月 11 日，也就是第四学年第二学期开始的第三天，"全班开会议毕业事宜，举周恩来编纂毕业同学录"，而周恩来为该同学录作的"序"中也有："班众于分袂前，是有同学录之辑，委

《天津南开学校第十次第二组毕业同学录》上刊载的周恩来小传

其事于余。"这一个"举"字和"委"字，明确告诉读者，由周恩来主编同学录是全班同学的推举和委托。

翻开这本书的第33页，映入眼帘的是周恩来青年时代的照片以及题名为"周君恩来"的小传，小传撰写者是周恩来同班同学、挚友常策欧，他在班里国文成绩上乘。

大家推举周恩来任主编，是因为他在中学的四年里，曾担任过校内多种刊物的编辑，有经验、有能力。更主要的原因是，当临近毕业的四年级时，班中同学因临近毕业大考，纷纷辞去了担任的社团职务，而周恩来仍热心地担任着"敬业乐群会"会长等校中诸多职务。在他的小传中，就有这样的评价："凡朋友及公益事，无不尽力。"他热心公益的品格赢得了同学的信任。

周恩来在学生时代养成的这种"凡朋友及公益事，无不尽力"的美德，在与他日后认定的共产主义理想结合到一起时，便造就出一个终生都在全心全意为人民服务的楷模。

热心校内和班级公益工作，难免会对学习成绩有所影响。在周恩来的小传中，有这样两句话："其于课程，前二载俱臻上乘，嗣以理事日繁，乃稍逊前"，这说明在中学一、二年级，周恩来的成绩在班上是很优秀的，而由于他在校中各类社团中担任的职务日益增加，学习成绩有所下降。据班史的不完全统计，他在中学三、四年级时最多担任八种社团职务。周恩来毕业的总成绩为89.72分，在班中28位同学中排在第六名。然而成绩并不能说明一切，他在参加各项学校和社会活动中所培养的各种能力，是无法用分数来衡量的。

对于编辑同学录的意义和目的，周恩来在为该同学录所作的序中给予了明确的回答：这是因为对母校培育之恩的感激和热爱，对同窗四年师友的敬重和依恋；更是因为同学们"此后天各一方，卓立社会"，"大厦非一木可支"，唯有大家群策群力，共同为改造社会献身，才能有所成就。所以必须团结同学共同为理想奋斗。

第二部分

少年强则中国强

39

曹云屏在写信中

关心曹渊烈士的孩子

　　曹渊，1902 年生于安徽寿县，是黄埔军校第一期第三队学员。在周恩来领导黄埔学生军平定广州商团叛乱和广州国民政府两次东征中，曹渊战功突出，受到周恩来的赏识。1926 年国共合作酝酿北伐，以共产党员为骨干组成国民革命军第四军叶挺独立团，曹渊为独立团第一营营长。北伐开始后，叶挺独立团所向披靡，曹渊率部冲锋在前。

　　1926 年 9 月，北伐军合围武昌城。9 月 5 日深夜，北伐军向武昌城发起总攻。曹渊身先士卒，率独立团第一营拼死登城，敌人负隅顽抗。眼见天已拂晓，登城仍未成功，全营官兵大部分牺牲。曹渊在城下纷飞的弹雨中，提笔向团长叶挺紧急报告："团长，天已拂晓，登城无望，职营伤亡将尽，现仅有十余人。但革命军人有进无退，如何处理，请指示。"就在曹渊落款写到自己名字的最后一笔时，他不幸中弹牺牲，为革命捐躯，年仅 24 岁。得知曹渊牺牲的消息，周恩来、叶挺悲痛不已。此时曹渊在安徽老家的儿子曹云屏刚刚 2 岁。

　　到 1938 年时，14 岁的曹云屏家中困难、没钱读书，在家乡参加抗日救亡活动。但追求上进的曹云屏因为找不到出路，心情十分苦闷。思来想去，他提笔分别给自己父亲曾经的两位老上级——周恩来、叶挺各写了一封求助信。没想到，两位长辈都及时给曹云屏写了回信。

周恩来给曹云屏的回信是这样写的。

云屏贤弟：

来函收阅。令尊曹渊同志为谋国家之独立，人民之解放，而英勇的〈地〉牺牲了，这是非常光荣的。我全党同志，对曹渊同志这种英勇牺牲精神，表示无限的敬意。

此次接读来函，知云屏弟在家中，以家境贫苦，虽无法升学，而求深造之心甚切，足证曹渊同志有其子也。如弟能离开家庭，则望来汉口，以便转往陕北延安抗大或陕公受训，并付来洋贰拾元，藉作来汉路费。

此致

近好！

周恩来

三月十九日

如来汉，望到日租界中街八十九号大石洋行找办事处可也。

周恩来的回信以"云屏贤弟"称呼曹云屏，体现出他的谦逊和对烈士后代平易近人的关爱。周恩来在回信中，高度评价了曹渊的革命事迹和为国捐躯的壮举。这对于曹云屏来说无疑

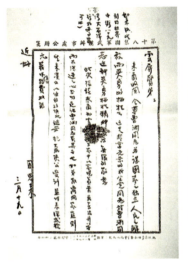

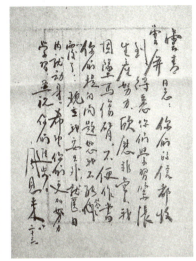

1938 年 3 月，周恩来寄给曹云屏第一封信，还随信寄出 20 元求学路费

1939 年，周恩来写给曹渊烈士之子曹云屏的复信

是巨大的鼓舞。周恩来考虑问题细致周到，不仅为曹云屏指出入学方向，而且寄上路费。

　　曹云屏接到信后，很快按照周恩来的安排离开了家乡。1938 年 5 月，曹云屏顺利地进入延安陕北公学学习。在此后的学习和工作中，他在周恩来的教诲和关怀下不断进步成长。

40

周恩来和邓颖超同在莫斯科学习的烈士子女在一起

看望国际儿童院的孩子们

1939年9月，周恩来因为手臂受伤，到苏联莫斯科疗伤。出院后的一天，他和邓颖超来到莫斯科郊外的国际儿童院，看望在这里学习的中国孩子们。

这个儿童院是国际救济组织创办的，专门收养在白色恐怖下各国共产党领导人的子女或革命烈士的遗孤。在这里学习的中国孩子有毛泽东的长子毛岸英、次子毛岸青、女儿李敏，刘少奇的长子刘允斌、长女刘爱琴，朱德的女儿朱敏，等等。

这里也有部分烈士子女，如蔡和森和向警予的孩子蔡博、蔡妮，赵世炎的儿子赵令超、赵施格，罗亦农的儿子罗西北，张太雷的儿子张芝明等。

这些远离祖国和亲人的孩子们，虽然得到了苏联政府的照顾和精心安排，但他们日夜思念着祖国和家人。

那天，周恩来和邓颖超专程来看望他们，使他们欣喜若狂，高兴得欢蹦乱跳。

邓颖超从挎包里拿出从延安带来的大红枣分给孩子们。周恩来热情地和每个孩子打招呼，亲切地询问他们的生活和学习

莫斯科外景

情况，关心他们长大后想做些什么。

孩子们有的说将来要当医生，有的说要当飞行员或工程师。有一个叫苏河清（中国共产党早期领导人苏兆征之子）的孩子抢着说："我想考电影大学，学习摄影。"周恩来高兴地说："好啊！我们延安还很少有人会拍电影，希望你学成后回国，多为八路军、根据地拍些好的电影。"

无论是对谁，周恩来都会给予勉励。离别时，周恩来鼓励教导孩子们说："你们不仅要学习好，还要身体好，这样将来才能更好地参加祖国的建设。"

周恩来的话，孩子们记在心里，觉得充满力量。中华人民共和国成立后，他们全部回到祖国，参加祖国各项事业建设，有的还为国家和革命献出了宝贵的生命。

41

周恩来、邓颖超同五个孤儿在西花厅合影

咱们的五个孩子

20世纪60年代初，北京市一户普通人家的五个孩子——周同山、周同庆、周同来、周同贺、周同义兄妹，不幸相继失去父母，兄妹五人一下子成了孤儿，最大的孩子周同山15岁，最小的同义只有3岁。

当时他们父母单位的领导和区政府来人第一时间帮助解决了这五个孩子的生活问题，安排街道服务站负责他们的洗衣及缝缝补补，天冷了服务站的同志们就把过冬的棉衣送到他们家里。热心的街坊邻居也纷纷伸出了援助之手。

《北京晚报》《北京日报》《人民日报》相继报道了他们的情况。著名作家冰心发表了题为《咱们的五个孩子》的报告文学。

周同山兄妹的经历和故事传进了中南海，周恩来夫妇也关心着他们的生活和成长。

1964年8月17日，兄妹五人收到一张烫着金字的请帖，这是国务院请他们到人民大会堂参加招待外宾和外国小朋友的联欢活动。

当孩子们走进灯火辉煌的人民大会堂，邓颖超高兴地弯下腰把小同义抱了起来，并亲切地询问他："幼儿园好吗？""吃的什么饭？"

小同义天真地回答："幼儿园可好了，今天阿姨还给我们肉包子吃呢。"

邓颖超笑了，在场的人都会心地笑了。

进入宴会厅后，邓颖超把他们五兄妹介绍给在场的中外来宾。宴会开始后，邓颖超微笑着看着他们，郑重地跟他们说："毛主席很关心你们，总理工作很忙，他让我代问你们好，希望你们不要辜负毛主席、党和人民对你们的关怀和希望，要好好学习，努力工作。"

停了一下，邓颖超又说，"从现在起咱们就是一家人了，有什么困难你们就告诉我。"

当时他们几个人都高兴地叫起了"邓妈妈好，邓妈妈好"。

1965年春节，人民大会堂举行招待会，周恩来总理请来照顾五兄妹生活的街道负责人。周恩来握着她的手，亲切地询问孩子们的情况："他们现在怎么样？老大当兵了？在哪个部队？"

这位负责人不住地点头说："都挺好，挺好！请总理放心！老大同山在空军高炮部队当炮兵，其他四个孩子还在上学，五兄妹表现都很好。"周恩来微笑着不住点头。

会后，街道负责人将周恩来的关怀反映给周同山所在的部队，一个月后，空军报用整版篇幅报道了周同山在部队的情况。

　　五兄妹没有辜负周总理、邓妈妈的关心，每个人都很努力地工作学习，积极生活。他们长大成人后，有的走上领导岗位，有的进入机关或科研单位，有的在工厂工作。无论在什么岗位上，五兄妹都不忘周总理和邓妈妈的关心、勉励，用良好的表现展示青年人的价值。

　　1988年中秋节那天，邓颖超邀请五兄妹带着家人们到西花厅做客。当五兄妹一大家人来到西花厅，远远看到邓颖超已经站在院子里的平台上迎接大家，全家人争先恐后向邓颖超跑去。

　　邓颖超说："昨天天气不好，我可担心了，真怕今天下雨淋着你们，早上听了天气预报才放心。"普天之下，只有母亲对孩子才这么细心和这样牵肠挂肚。

　　大家高兴地簇拥着邓颖超进入房间。西花厅茶几上摆放着鲜果和月饼，邓颖超说："今天是中秋节，咱们这一家人先过个团圆节！"她又指着月饼，说，"这是我特意嘱咐厨师给你们做的枣泥月饼，都快尝尝吧。"

　　邓颖超详细询问了每家的情况。当听到五兄妹都已成家立业，生活幸福，事业有成，邓颖超十分高兴。她说："你们是有出息、有志气、努力学习、努力工作的好孩子。""你们和别的孩子不一样，你们更要爱党、爱人民，更爱社会主义。"

　　1992年，邓颖超病重的时候，五兄妹及家人到医院看望邓颖超。邓颖超再次叮嘱他们："你们要记住，你们和别的孩子是不一样的，一定要为党为人民多做工作，一定要严格要求自己。"

那天，邓颖超非常郑重地对他们说："我几次都想把你们叫来，嘱咐你们，一定代我向一直关心、关注你们成长的同志们问好，说代我谢谢他们。今天我把这些话告诉你们，我就放心了。"

邓颖超在这么病重的情况下，想的不是自己，而是他人。这体现出伟人对人民的鞠躬尽瘁，体现出伟人的高尚人品，体现出伟人的大爱精神。

如今，五兄妹已经是祖孙三代大家庭的家长了。他们时刻不忘周总理和邓妈妈无微不至的关心和爱护，把这种关爱转化

1988 年，邓颖超邀请五兄妹及全家到西花厅共度中秋

为鼓舞和鞭策，用周恩来、邓颖超的伟人精神要求自己、教育后代，在工作岗位上尽职尽责，用优异的成绩、积极的生活回报周恩来夫妇的关爱。

42

周恩来、邓颖超同孙维世合影

"女儿"孙维世

    周恩来的妻子邓颖超曾两次怀孕，但残酷的战争年代夺去了他们夫妇做父母的心愿。他们把全部的爱给了牺牲战友的遗孤，把全部的爱给了所有的中国孩子。

    孙维世是唯一被周恩来、邓颖超称为女儿的烈士子弟。

    周恩来对孙维世的特殊关爱，源于她的父亲孙炳文。1922年9月，孙炳文随朱德一起赴欧洲寻求真理，在德国期间经周恩来介绍参加中国共产党。1927年，回国投身大革命洪流的孙炳文，因叛徒出卖被国民党逮捕，在狱中坚贞不屈，最终被杀害。那年，孙维世只有6岁。

    全面抗战爆发后，在武汉工作的周恩来在八路军办事处意外见到孙维世，特别高兴。这时，孙维世已长成大姑娘，周恩来决定送她去延安学习，让她开始新的生活。从此，孙维世在周恩来和邓颖超的悉心呵护下逐渐成长起来。

    1939年，周恩来因胳膊受伤需到苏联莫斯科治疗，毛泽东特别批准孙维世同行，和邓颖超一起照顾周恩来。之后，孙维世留在莫斯科学习表演和导演，其间经历了苏联卫国战争的磨难。

　　周恩来和邓颖超有许多珍贵的相互通信，里面谈到孙维世时都称她为"女儿"，字里行间流露出浓浓的亲情。

　　孙维世待周恩来和邓颖超也如同自己的亲生父母，无论在工作上和生活上碰到什么问题，心中有什么苦闷，都向他们倾吐和讨教。在节假日她也总是抽空去看望他们，为他们庆祝生日或结婚纪念日，使周恩来和邓颖超享受到女儿的温暖。

　　1958年，孙维世生病住院，邓颖超多次到医院看望。身在外地忙于公务的周恩来打电话询问她的病情，在电话中说："热望我们的女儿，能够在住院期间，做一个守规矩、听医生的话、配合治疗的模范。"

　　邓颖超在信中把周恩来的希望转达给孙维世，并在信中款款深情地说："20年来，我们老两口对于你的感情和爱，是从多方面结合着的，我们和你之间的父母和女儿之间的高尚的感情和爱，对于革命烈士遗孤的责任感和爱，对于一个女的青年艺术工作者的爱护，以及对你的一些长处的喜爱，加上20年间，我们和你在相互了解的基础上发展的感情和爱，总之是多方深厚的，亦正如你说的是高尚可贵的。"

　　正是这种深厚且高尚可贵的爱，正是由于周恩来和邓颖超的严格要求和深切关怀，孙维世成为新中国培养出的第一批著名导演。她导演的话剧《保尔·柯察金》影响了大批年轻人，为新中国戏剧事业的发展做出了自己的贡献。

1958年4月，邓颖超
写给病中孙维世的信

43

邓颖超同孩子们在一起

红岩村的"乐氏家族"

　　抗日战争时期，重庆红岩村是中共中央南方局办公驻地，是中国共产党在国民党统治区巩固和发展抗日民族统一战线、领导人民群众进行革命斗争的中心。周恩来、邓颖超等人生活、工作在这里。红岩村里充满了乐观、积极、向上的氛围。

　　重庆红岩村中，有不少工作人员举家住在这里。有一个小男孩是南方局干部荣高棠、管平夫妇的儿子，他们一家三口的房间正好和周恩来夫妇的住处是对门。当时，这个小男孩还不到一岁，邓颖超几乎天天去看他、抱他、逗他玩，十分疼爱他。小家伙也的确可爱，不爱哭，也不闹，一逗就乐呵呵地笑。孩子一乐大人也跟着乐，这个小屋里常常荡漾着温暖而又欢乐的气氛。当邓颖超知道这孩子还没有起名字，就说：就叫"小乐天"吧！她还自称是"大乐天"，意思是这孩子和她一样，都称得上是"乐天派"。周恩来在工作之余，也常过来逗逗孩子，把这作为一种放松和休息。

　　有一天，当"小乐天"跑到大门口迎接邓颖超时，邓颖超高兴地把他抱了起来。这一幕正好被路过的工作人员看到，工作人员连忙用相机记录下了这个珍贵的镜头。周恩来看到两个"乐天"乐哈哈的照片后，即兴作了一首打油诗："大乐天抱小乐天，嘻嘻哈哈乐一天。一天不见小乐天，一天想煞大乐天。"这首诗配上这幅照片被周恩来命名为《题双乐天图》。落款是"赛乐天　题"。

　　这首《题双乐天图》的照片和打油诗出现在红岩村墙报上后，一下子吸引了大家的目光。人们看后，都哈哈大笑起来，同时，为周恩来、邓颖超的革命乐观主义精神深深感染着。

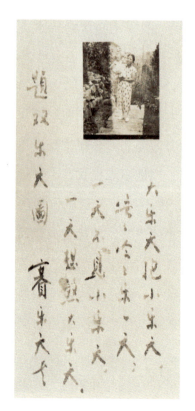

周恩来在重庆红岩村为童小鹏拍摄的邓颖超与小乐天（荣高棠之子）合影题诗，自称"赛乐天"，表现出革命的乐观主义精神

"大乐天、小乐天、赛乐天"，共同组成了红岩村的"乐氏家族"。周恩来和邓颖超所爱的，不单单是一个孩子。他们对孩子的爱，生动地体现了他们对革命后代、对未来、对整个生活的深切热爱。

邓颖超和小乐天合影（放大）

44

周恩来和叶挺女儿扬眉在机场留影

为叶挺女儿扬眉让伞

　　抗日战争胜利后，周恩来代表中国共产党和国民党进行谈判，以避免内战发生，争取国内和平。他经常乘坐飞机往返于重庆或南京和延安之间。那时的飞机设计简陋，也不安全，但速度远比地面行车快。为了革命事业的需要，周恩来还是选择将飞机作为远途的交通工具。

　　一次，周恩来乘飞机飞往重庆。同机的乘客中有一个聪明、漂亮的小姑娘，名叫叶扬眉，是新四军军长叶挺的女儿。皖南事变中，叶挺军长被国民党反动派扣押。由于全国人民的声援和中国共产党的不懈努力，度过5年铁窗生活的叶挺军长即将恢复自由。小扬眉这次乘坐飞机，就是要去重庆接爸爸出狱。就要见到爸爸、妈妈了，小扬眉的心情十分喜悦。

　　飞机飞到秦岭上空时，遇到了一股强大的冷气团。一瞬间，机身蒙上了一层厚厚的冰甲，机翼和螺旋桨也都挂上了越来越厚的冰，飞机无法承受这突增的重量，沉甸甸地向下坠落⋯⋯

　　机长命令机械师打开舱门，扔掉行李，减轻飞机重量，但

飞机在险恶的条件下飞行

是仍然无法解决问题。机长又要求飞机上的十几名乘客穿好降落伞，准备跳伞。

当时飞机上的每一个座位下面都有一个降落伞包，供乘客在危急时刻跳伞求生。周恩来从容地从座位上站起来，穿好了降落伞。

这时，机舱里传来一阵嘤嘤的抽泣声。周恩来循声望去，只见是小扬眉坐在座位上哭泣，原来，她的座位下没有伞包。周恩来立刻从摇摆的机舱中几步跨到小扬眉身边，解下自己身上的降落伞给扬眉穿上，还鼓励她说："扬眉，不要哭，勇敢点，要像你爸爸那样坚强。"听着周恩来伯伯的话，扬眉止住了哭泣，懂事地点点头。

机上的人员都很感动，同时也为周恩来的安全担心。有人解下自己的伞包要给周恩来穿上；有人说，扬眉身体轻，可以挂在别的同志身上，同别人合用一个降落伞。这些话，周恩来都没有同意。他始终揽着小扬眉，镇定地坐在座位上。后来，机组又拿来一个备用伞包给周恩来穿上，大家这才放下心来。

得益于驾驶员的高超技术，飞机终于冲出了冷气团，平安脱险了。

周恩来在危难之际，把生的希望留给孩子，他这种舍己为人的精神，感动了在场的每一个人。

45

周恩来教李讷学习

李讷送给"周爸爸"的画

解放战争时期，由于战争的频繁转移，孩子待在前线多有不便，毛泽东7岁的女儿李讷曾在邓颖超身边生活过一段时间。李讷称周恩来为周爸爸，称邓颖超为邓妈妈。

1947年3月，蒋介石命令胡宗南率国民党重兵进逼延安，企图一举消灭中共在陕北的根据地。为了保存中国人民解放军的实力并牵制胡宗南的兵力，中共中央决定撤离延安、转战陕北，周恩来和毛泽东、任弼时等一起留在陕北主持中共中央和中央军委的工作，邓颖超则受党中央委托，带领中央机关家属队先行撤离延安转移到晋西北，并留在那里参加农村的土地改革。李讷随同家属队转移到晋西北。

大战在即，临别匆匆，暂时还未撤出延安的周恩来十分担心妻子的健康。他托即将到妻子身边的、毛泽东的女儿李讷担任信使，捎去一封给邓颖超的信。他在信中说："延安天天来飞机，但是一个人也没有被打死。大家在此都很好，望你们放心。"简单的几个字使时刻都在惦念丈夫的邓颖超的心弦松弛下来。

　　转眼间已是春色满园，投身于土改工作的邓颖超不时地给周恩来写信倾诉自己在工作中的体会和感受。生活在邓妈妈身边的李讷看到邓妈妈给周爸爸写信，提出自己也要给周爸爸写信。她在信中写道：

　　周爸爸：你好吗？我好，邓妈妈好。我现在会做事情了。代问爸爸妈妈好。亲周爸爸。

　　邓颖超在这封信中加写道：

　　这是女儿自动给你写的信，另外一张画，画的时候，他〈她〉说重要得很，要好好画，因为不比给亲爸亲妈画呢。

　　邓颖超信中所说的"另外一张画"，是李讷画的周爸爸的头像。7岁孩子的简笔画，不能说画得多像，但李讷态度十分认真，因为她认为给周爸爸的画"重要得很"。

毛泽东的女儿李讷和周恩来、邓颖超相处融洽，称他们为"周爸爸""邓妈妈"。邓颖超给周恩来写信时，夹带了李讷写给周爸爸的信。图为李讷写给周恩来的信

小李讷知道她的周爸爸一定会喜欢这幅画，但她不知道此时周爸爸正协助她的亲爸爸紧张忙碌地指挥陕北和全国的战争，周爸爸一时还顾不上给她和邓妈妈回信。

李讷的这幅画和这封信，在紧张的战争中，给周恩来带来了快乐。他把这封信珍藏起来。

中华人民共和国成立后，周恩来、邓颖超把这封信和画带到了中南海西花厅。他们去世后，这封信被拨交给有关部门，现在收藏在周恩来邓颖超纪念馆中。

若干年后，已经白发苍苍的李讷来到周恩来邓颖超纪念馆参观。面对自己7岁时的这幅画和这封信，李讷自己都有些记忆模糊了，可让她没有想到的是，她的周爸爸、邓妈妈一直把她小时候的画带在身边珍藏着，李讷激动得流下热泪。

46

周恩来和邓颖超同孙维世（左一）、孙新世（右一）合影

寻找孙新世

孙炳文烈士和任锐共育有三子二女，长女叫孙维世，幼女叫孙新世。

孙炳文牺牲时，孙新世还在襁褓中。妈妈把她送给姨妈，由姨夫黄志烜、姨妈任馥坤抚养，给她改名为黄粤生。

从此，孙新世与亲人分别，直到 20 多年后，周恩来派人寻找到她。

孙新世的母亲任锐因长期劳累，不幸于 1949 年 4 月病逝，周恩来为她亲笔题写了墓碑。孙新世与母亲再也没有能够见面。

姨夫姨妈对孙新世视如己出，冒着收养烈士遗孤的杀身危险，把她辛苦养大。

孙新世长大成人后，黄志烜告诉她："你是共产党革命烈士的后代，一定要把你交给共产党，做你爸爸事业的继承人。"这样，孙新世知道了自己的身世。她含泪告别姨夫姨妈，踏上寻亲之路，辗转到了香港。

新中国成立前夕，已到北平的周恩来一直在寻找孙新世。

1949 年 7 月，他听说孙新世可能到了香港，就致电时任中共香港工作委员会书记的乔冠华和他的夫人、中共香港工作委员会委员龚澎，请他们在香港的报纸上登一则寻人广告，内称："用兰姊名义寻黄粤生（女性），22 岁，四川南溪人。"兰姊，指的是孙维世。

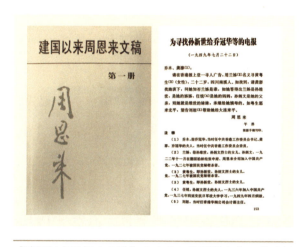

《建国以来周恩来文稿》书中收入的周恩来为寻找孙新世给乔冠华等的电报

周恩来在电报中特别叮嘱龚澎，如找到这个女孩，跟她谈一下，问她是否知道兰姊是谁。如她答得出兰姊是孙维世，是她的姐姐，任锐是她的妈妈，孙炳文是她的父亲，则她就是维世的妹妹。周恩来还细心地规划，如果孙新世愿意来北平，就帮助她从大连过来。

有趣的是，龚澎等找到孙新世时，没有按周恩来叮嘱的对她做各种询问，因为她长得实在是太像姐姐孙维世了。龚澎认定，她就是周恩来寻找的孙新世。

　　在周恩来的关怀下，孙新世终于和哥哥、姐姐在北京团聚。她跟着姐姐一样，叫邓颖超妈妈，叫周恩来爸爸，但在外人面前则叫"小超妈妈""总理爸爸"。

　　孙新世不忘自己是烈士的后代，在学习等各个方面非常努力，后成为一名人民教师，曾在北京大学俄语系任教，讲授俄罗斯和苏联文学。

47

周恩来接见演出后的秦怡

斐斐怎么样了？

斐斐是著名电影表演艺术家秦怡的女儿，也是她的第一个孩子。

1940 年前后，秦怡在抗战大后方参加了由中共南方局组建的中华剧艺社。那一年，19 岁的秦怡第一次见到周恩来。

那是一次在朋友家吃饭，席间坐着一位她不认识的客人。那人问秦怡是在工作还是在学习，秦怡回答："我在做实习演员，有时候在合唱团唱唱歌，没什么意思，我在那里混混。"

中央南方局

那人接着问唱什么歌，秦怡理直气壮地回答："当然是抗战歌曲。"一听到她说抗战歌曲，对方马上提高了声音："那还混混啊，你想想，多少人、千千万万的人都在你们的歌声鼓舞下走上前线，这工作多重要啊！"后来她跑去问朋友，才知道原来那个不相识的人竟是周恩来。

从此，演话剧、拍电影、唱革命歌曲，在秦怡看来都是她参与革命的一种形式，不是"为谋生"，而是"为理想"。可以说，与周恩来的这一次谈话，改变了秦怡看待革命文艺的思想态度。

青年时代的秦怡，因为早婚而早育。当时，她忙于工作，把刚出生的斐斐交给一个奶妈抚养。奶妈不负责任，导致孩子的胃坏了，吃东西就吐。在外忙于工作的秦怡也顾不上照顾斐斐。有一天，奶妈抱着奄奄一息的孩子坐在电影编剧孙师毅的家门口，恰巧被来这里谈工作的周恩来看到。走到门口时，身边的朋友对周恩来说："这就是秦怡的孩子，叫斐斐。"周恩来说："是吗？怎么会这样子？"这个朋友就把秦怡和孩子的情况详细地讲给周恩来听。

不久，这个朋友跑来对秦怡说："告诉你一件事，你听了以后应该很高兴的。周先生很关心你，他对我说，这个孩子怎么会是这样？秦怡已经是一个有影响的演员了，怎么孩子都弄成这个样子，你们应该关心关心她呀！"

一转眼，将近20年过去了。1957年9月，秦怡作为中国代表团成员参加"亚洲电影周"的活动。宴会上，她正好坐在周恩来身边。周恩来见到秦怡马上问道："秦怡，你的孩子怎么样了？斐斐现在还吐不吐啊？胃好了没有？"秦怡愣住了，那么长时间了，就连她这个妈妈都快要忘记孩子小时候胃不好的事情，而周恩来却记得她这个普通演员的家事。秦怡激动得眼泪要掉下来了，连忙说："哎呀，总理，我都要忘了。现在是不吐了，就是胃不好。您怎么还记得这样的事情？"周恩来说："她小时候，我到孙师毅那儿去，那个时候多可怜呐！我想你每天在剧场演出，一定心里很着急吧。"当时，秦怡不知道说什么感激的话好。

很多人都说周恩来是个不会忘事的人。哪怕是和他仅一面之缘的人，多年以后，周恩来依然还能说出那个人的名字，想起当年的往事。周恩来惦念秦怡女儿身体的这件小事，充分说明了他对文艺工作者的关心，对他们后代的呵护。

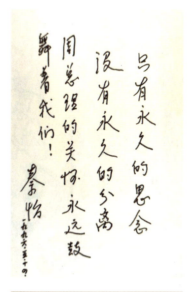

只有永久的思念
没有永久的分离
周总理的关怀永远敲
舞着我们！
秦怡
一九九六年五月十日

1996 年 5 月，秦怡为《百年恩来》摄制组题词

48

周恩来高兴地抱起 8 岁的小六龄童（章金星，六小龄童已过世的哥哥）

多培养几个"小六龄童"

周恩来祖籍浙江绍兴，在他将近 60 岁的时候，第一次看了故乡的绍剧。

1957 年 12 月，周恩来陪同缅甸政府总理吴巴瑞、副总理吴觉迎到上海、杭州等地参观。陈毅副总理建议："到了上海，一定要请外宾看看浙江的绍剧。"

正在萧山演出的浙江绍剧团演员们接到赴上海为外宾演出的任务，非常高兴。

12 月 24 日晚，上海中苏友好大厦小礼堂内，灯火通明，气氛热烈。演员们听说是周恩来总理陪同外宾观看演出，心里十分激动。他们决心一定要演好当晚的节目。

大幕徐徐拉开，有"南派猴王"之称的六龄童主演的绍剧《闹天宫》，赢得了观众的热烈掌声。当扮相潇洒、神态逼真的美猴王出场亮相时，外宾们惊讶地睁大眼睛拍手叫好，周恩来也高兴地鼓起掌来。

演出结束后，周恩来与外国朋友一起走上舞台，高兴地同演员们握手谈笑。走到六龄童面前，周恩来亲切地对他说：

1957 年 12 月 24 日，周恩来观看浙江绍剧团演出的《三打白骨精》后，上台祝贺演出成功

"我是绍兴人，看绍剧可还是第一次。你们演得很好，外宾看了很满意。"

这时，周恩来低头看到六龄童的儿子小六龄童正在抬头望着他，一双明亮的大眼睛忽闪忽闪的。周恩来想起来了，小六龄童在戏中扮演天真无邪的小罗猴。周恩来高兴地把他抱起来，摄影记者按下快门，记录下这幸福的时刻。周恩来对身边的六龄童说："文艺事业需要接班人，你要把后一代带出来，多培养几个小六龄童呀！"

49

周恩来在杭州梅家坞小学观看学生上课

和孩子们一起上课

位于杭州郊区的梅家坞，青峰环绕，茶园凝翠。周恩来曾经五次到梅家坞视察，对梅家坞的茶农和茶叶生产给予了许多关怀和指导。

周恩来很爱茶，也懂茶。有一次，他喝完茶，用食指和中指将茶叶划入嘴中咀嚼起来。他对在场的人说："你们啊，不懂得喝茶，茶叶是凉性的，吃了对眼睛有好处。"周恩来的这一举动，后来被人们称为"啜英咀华"的典型故事，成为龙井茶的又一则品茗佳话。

周恩来在梅家坞，不仅关心茶叶的生产，更关心这里百姓的生活，特别是孩子们受教育的情况。

1957年4月，周恩来陪同外宾再一次来到梅家坞。在观看了茶叶长势、茶农的生产情况之后，周恩来决定到梅家坞小学看看。

周恩来到学校的时候，孩子们正在教室里认真地上课。为避免打扰同学们上课，他悄悄地走到一间教室窗边，将头探进教室，静静注视着正在上课的小学生读课文。

梅家坞小学的同学们和往常一样，正安安静静地坐在教室里听老师讲课。孩子们抬头一看，见是周恩来出现在教室窗外，都高兴地站起来，放下手中的书本，鼓起掌来。

周恩来走进教室，一边和老师握手，一边说："老师好！同学们好！"

周恩来让大家坐下，他走到教室后面，看墙报上的"学习园地"，看同学们平时的书法和算术作业，一边看一边不住地点头。然后，周恩来坐到一位同学身边，侧身一看，发现这节课上的是语文课。他掏出老花镜戴上，把课文认真读了一遍。随后，他摘下眼镜，跟同学们一起听讲……

一节课很快结束了，大家围在周恩来身边，听他讲话。周恩来鼓励孩子们要努力学习，建设好家乡梅家坞。

梅家坞周恩来纪念室外景

50

周恩来接见东风剧团演员

看娃娃剧团演出

河北省邯郸市东风剧场

东风剧团的前身是 1958 年 4 月创办的邯郸专区戏曲学校豫剧班。在党的关怀下，一群从农村来到城市的孩子，开始了艺术学习的生涯。

在老师的辛勤培养下，经过半年多的戏校生活，孩子们相继排演了现代戏《朝阳沟》《党的女儿》以及传统戏《穆桂英挂帅》《花木兰》《黄金婵》《拾玉镯》等十几个剧目。1958 年年底，他们开始到邯郸周边各县巡回演出。

1959年，正当戏校豫剧班巡回演出归来，在邯郸庆祝六一国际儿童节之际，他们收到上级通知：晚上有重要演出任务。演出剧目也规定好了。上级领导要豫剧班赶快做好演出的准备工作，并说："为了保密工作需要，从现在起，任何人不准请假外出，不准向外透露今晚有演出任务的消息，不准带亲友来看戏。"

豫剧班第一次接受这样的任务，心里既紧张、又纳闷。有人悄悄议论起来：到底是哪位首长来看戏呢？

晚上8点整，演出开始了，剧团小演员王振国从台上往下一看：哇！在台下前排就座的不是周恩来总理吗？周恩来看上去神采奕奕、红光满面。他兴致勃勃地一边看台上的演出，一边跟省、地领导连声夸奖：这些娃娃演得好！演得好啊！观看演出的过程中，周恩来脸上始终洋溢着笑容。

演出结束后，周恩来走上舞台，同演员们一一握手，合影留念。周恩来迈着矫健的步伐，面带微笑走到演员们中间，亲切地询问大家：学戏多长时间了？多大了？能演几个戏？……

演员们由于普遍年龄小，又是第一次见到周恩来，心情特别激动，所以对他的问话一时之间不知如何回答。在场的领导向周恩来汇报说："孩子们学戏才一年多时间，都只有十二三岁，能演出十几个戏了。"周恩来高兴地说："好！好！年纪很小，演得很好。在党的文艺方针路线指引下，我们的第二代成长得很快嘛！"当周恩来听说这些小演员准备7月份去北戴河演出时，他高兴地说："好！让孩子们到北戴河去演出，请在那里避暑的老人们都看看我们这些娃娃，看看我们的新生力量！"

这次活动很晚才结束，演员们回到住地，已经过了凌晨，但是宿舍里依然灯火通明，充满欢声笑语。孩子们在尽情畅谈见到周恩来的幸福情景。

周恩来慈祥的面容，永远镌刻在娃娃剧团的孩子们心中。

51

周恩来同少年班禅亲切交谈

与少年班禅的故事

在中华人民共和国开国领袖中，与藏传佛教杰出领袖十世班禅额尔德尼·确吉坚赞交往最多的当数周恩来。

在几十年相处中，周恩来与十世班禅坦诚相见、肝胆相照、互相尊重，结下了非常真挚而深厚的忘年之交。

中华人民共和国成立后，为了实现西藏的和平解放，中央人民政府邀请十世班禅赴京，共商和平解放西藏的重要国是。1951 年 4 月 27 日，刚满 13 岁的十世班禅率领西藏僧俗官员一行 45 人，第一次抵达祖国首都北京。抵京当天，周恩来便设宴款待十世班禅一行。

这是少年班禅第一次见到敬仰已久的周恩来总理。十世班禅自幼就受经师指点，虽然年少，却礼仪周全，落落大方，深得周恩来的喜爱，被赞誉为："少年活佛，英俊潇洒。"

周恩来十分亲切地同班禅做了长时间的亲切谈话。谈话的内容十分广泛，从最细小的风俗习惯、生活琐事，到中国革命的胜利与西藏的前途；从班禅在北京的食宿、活动安排，到汉藏民族团结的重要……

少年班禅当时虽然还不能全部理解周恩来这次谈话的深刻内容和长远意义，但却深切感受到周恩来的真诚和厚望。少年班禅后来说："这种情谊上的亲切交融感，是从第一次见面开始，直至以后的许多次见面、谈话，包括他为数不多的批评、教育我的时候，都牢牢地保留着记忆，始终没有消失。"

会谈结束后，周恩来与十世班禅一起走向宴会厅。在宴会厅入口处，周恩来伸出左手请少年班禅先行，班禅则双手合十，微微弯腰低头，十分恭敬地请周恩来先行。他们再三谦让，谁都不肯首先走进门，最后周恩来挽着班禅的手臂，两人并肩缓缓步入宴会厅。这一个小小的细节，充分显示出周恩来对班禅大师尊重有加、毫不轻视对方年幼、以宗教政策和国家利益为重的高尚品格。

在毛泽东、周恩来的亲自领导下，不久《中央人民政府和西藏地方政府关于和平解放西藏办法的协议》签订，为西藏的前途指出了光明的方向。这份协议的签订，不仅凝聚着毛泽东、周恩来等中央领导同志的心血和智慧，也饱含着十世班禅等人的真心和真意。

此后，周恩来一直关心着十世班禅的成长，充分发挥他在少数民族事务中的特殊作用。1954年，班禅当选全国人民代表大会常务委员会委员、全国政协副主席；1959年，他当选为全国人民代表大会常务委员会副委员长。在维护祖国统一、促进西藏和平发展的事业中，班禅大师做出了不可磨灭的贡献。

《中央人民政府和西藏地方政府关于和平解放西藏办法的协议》藏、汉文本

52

周恩来同中国著名女子乒乓球运动员郑敏之打球

和"小燕子"打乒乓球

郑敏之出生于 1945 年，从小热爱乒乓球运动，是中国著名的女子乒乓球运动员。

1963 年，郑敏之第一次代表国家参加第 27 届世界乒乓球锦标赛，她与张燮林合作打败了当时的世界混双冠军——日本选手荻村伊智郎和松崎君代。1965 年，她与林慧卿一起，3∶0 战胜日本队获得世乒赛女双冠军，并帮助中国女队首次捧得考比伦杯。

郑敏之是中美"乒乓外交"的亲历者。

1971 年，参加第 31 届世界乒乓球锦标赛并在日本进行了友好访问的中国乒乓球代表团于当年 4 月底回国。在日本比赛期间，中国和美国运动员进行了友好接触，美国乒乓球队提出访华的请求。5 月 1 日，周恩来在人民大会堂亲切接见包括郑敏之在内的几名乒乓球运动员。突然，周恩来说："小燕子（郑敏之的昵称）！过来！我跟你打盘乒乓球。"当时，在人民大会堂内，有一间休息室，休息室里摆放着一张乒乓球桌。

郑敏之随周恩来走到休息室内。环顾四周，室内只有桌上放着的几副乒乓球拍，而且都是直拍，而郑敏之是打横拍的。

"怎么办？"郑敏之的脑海中闪现出了这三个字。但很快，她镇静下来，心想："用直拍虽说不是很适应，但总应该问题不大吧。"

郑敏之拿起一副直拍，与周恩来打了起来。周恩来是打直拍的，球打得很好。

这盘比赛并没有计算比分。打完球后，周恩来幽默风趣地笑着说："郑敏之！你是打横拍还是打直拍的？"郑敏之在感叹总理细心的同时，也深感不安，后来她说："我当时真不应该用直拍跟总理打球……"

接见临结束前，周恩来邀请乒乓球队成员晚上到天安门，观看"五一焰火表演"。

大约晚上8时，周恩来陪同毛泽东出现在天安门城楼上。

人民大会堂外景

毛泽东与周恩来一边向前走，一边向周围的人挥手致意。看着两位伟人从自己面前走过，郑敏之的心怦怦地跳得越来越快。

陪同毛泽东向前走的周恩来突然叫道："郑敏之！郑敏之！"叫了好几遍。郑敏之怎么也没有想到周恩来居然在叫自己。后来，邓颖超也搂住郑敏之，说："你们真了不起，你们小球震动了地球啊！"

当时的郑敏之对"小球震动地球"这句话并不能完全理解。直到1972年她赴美国在白宫受到尼克松接见时，尼克松的一番话让郑敏之理解了邓颖超的那句话。尼克松说："比赛双方都会有胜负，有胜利者也会有失败者，其中有一个最大的胜利者，那就是美国人民和中国人民的友谊。"

53

参加劳动的吕玉兰（中）

关爱最美奋斗者

　　在河北省邢台市临西县下堡寺镇东留善固村，有一所名为玉兰的公园。在这所美丽的公园里，坐落着一座纪念馆。这座庄重优雅的纪念馆，纪念的是一位为了新农村的建设而奉献了自己全部热血的年轻女干部——被誉为最美奋斗者的吕玉兰。

吕玉兰纪念馆

从东留善固村走出的吕玉兰,是新中国最年轻的农业合作社社长。她18岁入党,曾3次当选中央委员,担任过省委书记,是20世纪60年代全国著名的劳动模范,她的事迹曾经激励了一代青年人。

吕玉兰带领东留善固村的村民在新农村的建设中脱颖而出。她在基层做出的成绩得到省里领导的肯定,使得领导对她的任用有了新的打算。

1966年,邢台发生强烈地震,周恩来冒着余震的危险到灾区视察灾情。当时河北省委想提拔玉兰做县委书记。刘子厚书记陪同周恩来视察时,向他汇报了这一打算。

周恩来一贯重视和关心年轻干部的成长,听后语重心长地对刘子厚说:玉兰这个人可以培养,但还是阶梯式地为好,可以先当公社书记嘛。

后来,临西县委根据周恩来的意见对吕玉兰的工作做出相应安排。对职务的调整,吕玉兰没有任何的失落感,而是努力在本职岗位上做好工作。她曾多次受到毛泽东、周恩来等党和国家领导人的接见,受到极大的鼓舞。在她人生中最困难的时候,是周恩来帮助她摆脱了困境。在后来的工作中,她始终没有辜负周恩来的关爱,成为一名受到群众拥护和爱戴的好干部。

干部成长是有规律的,年轻干部从参加工作到走向成熟,成为党和国家的中高级领导干部,需要经过必要的台阶,需要递进式的历练和培养。周恩来提出的这种阶梯式的培养方式,对青年干部来说是一条正确的成长之路，吕玉兰正是在周恩来为她铺设的这条道路上稳步成长起来，从一个普通的农村姑娘成长为全国青年学习的榜样。

1993 年，吕玉兰病逝。她用作为最美奋斗者的一生，回报了周恩来的殷殷教诲。

54

知识青年杰出代表邢燕子

你的名字我已经很熟悉了

　　邢燕子，是一个在 20 世纪 60 年代家喻户晓的名字。她作为知识青年代表，曾先后 5 次受到毛泽东接见，13 次受到周恩来的接见。

　　邢燕子是新中国知识青年建设社会主义新农村的典型。1958 年，17 岁的邢燕子读完初中，没有回到父母所在的天津市区，而是响应党中央号召，满怀改变家乡落后面貌、做祖国第一代有文化的农民的豪情壮志，来到当时的宝坻县司家庄村

知识青年邢燕子（中）在务农

务农。

司家庄村是个缺少劳力的穷村，在那里，邢燕子每天与乡亲们一起去干农活——插秧苗、种高粱，和农民打成一片。村里劳动力少，她先是组织成立幼儿园，解放妇女劳动力，后来干脆带领女团员，组成了"燕子突击队"。很快，"燕子突击队"从 7 人扩大到了 16 人，带动了全村妇女。冬季，她带着突击队员砸开 3 尺厚的冰结网打鱼，晚上打苇帘子，3 个月就给村里挣了 3600 多元钱，种下 430 亩高产麦。她经历了艰苦生活的考验，数年如一日地忘我劳动，为社会主义建设事业做出了突出成绩。邢燕子的先进事迹在全国引起强烈反响，成为全国闻名的"知青楷模"。

1964 年，邢燕子作为知识青年代表，参加了第三届全国人民代表大会。

周恩来在会场见到邢燕子时问道："你是燕子？"

"是。"邢燕子点点头。

周恩来说："你的名字我已经很熟悉了。"

随后，周恩来与邢燕子等几位知青进行了亲切交谈。

此后，周恩来时常念起邢燕子，关心邢燕子和宝坻县的生产建设。

1973 年是中日邦交正常化一周年，周恩来对中日友好协会会长廖承志说："让燕子跟着到国外去经经风雨，见见世面，学学知识。"在周恩来的关怀下，邢燕子加紧出国前的学习、培训，邓颖超还代表周恩来专程来看望代表们。临行前，周恩来为代表团送行，向他们提出了出访日本的具体要求。周恩来通过交谈，让大家多掌握一些有益于赴日交流的知识。

周恩来始终把知识青年工作作为一项大事来做，关心、爱护知识青年，对他们负责到底。1973 年 6 月，周恩来指示国务院负责分管知青工作的同志说："关于对知识青年的安置等问题，要多听听邢燕子她们的意见。"

周恩来对知识青年无微不至的关心，邢燕子都记在心里，她非常珍重党所给的荣誉和周恩来对她的培养。在后来的一个个岗位上，邢燕子没有辜负周恩来的期望，坚持做一个堂堂正正、纯粹的人。

55

侯隽在劳动中

为特别的姑娘正名

"知识青年"这个词是一个时代的记忆。

侯隽是那个时代知识青年的优秀代表。

侯隽原籍北京，父亲是工程师，母亲是工会干部。1962年高中毕业后，侯隽放弃高考，响应"大办农业，大办粮食"的号召，只身从北京来到当时的天津宝坻县窦家桥村（今属史各庄乡）插队落户，立志做一个有社会主义觉悟、有文化的新型农民。

刚刚来到农村的侯隽，面临着诸多生产和生活上的困难。她住的房子是生产队临时搭起来的小土屋，不仅冬不暖夏不凉，还透风漏雨。吃饭更是成问题，不仅吃不饱，还经常要断炊，每当这时，劳动一天回到宿舍的侯隽就饿着肚子躺在床上唱歌。

村里人都很喜欢侯隽，但也有人对她放弃在首都升学的机会、跑到农村"吃苦"的行为很不理解。侯隽觉得，下乡插队这条路是自己的选择，即使再难，也得咬紧牙关承受，硬着头皮顶住！

知识青年侯隽在务农

后来侯隽的故事被到窦家桥村体验生活的女作家黄宗英知道了，黄宗英在侯隽的住处和她同吃同住同劳动。回到北京后，在周恩来的鼓励下，黄宗英写下长篇报告文学《特别的姑娘》，发表在 1963 年 7 月 23 日的《人民日报》上。这篇文章发表前后，有人质疑侯隽的家庭出身问题，周恩来知道后明确表态说："我们是有成分论，但不唯成分论，重在表现。"周恩来强调个人表现重于家庭出身的观点，打消了很多人的顾虑。

从此，"特别的姑娘"侯隽的名字传遍了大江南北。

1964 年，在出席共青团九大的时候，侯隽见到了周恩来。此后，她又在不同场合多次见到周恩来，得到周恩来无微不至的关怀和鼓励。

1971 年 5 月 6 日，周恩来会见日中农业农民第二次交流访华团成员，侯隽作为全国先进知识青年代表被周恩来召见并陪同会见外宾。1973 年 8 月，全国知识青年工作会期间，周恩来把邢燕子和侯隽叫去参加会议、征求意见。每次见面，周恩来都不忘向侯隽了解农村改造盐碱地，以及粮棉生产和养猪情况。甚至对侯隽的婚姻、学习和政治上的进步等问题，周恩来也都十分关心，经常过问。侯隽回忆说："他是那么平易近人、和蔼可亲，我无拘无束地向他做了汇报。"

周恩来关怀侯隽的种种往事，使她永远记在心中。侯隽说：没有周总理的关怀，我难以在农村坚持 18 年。

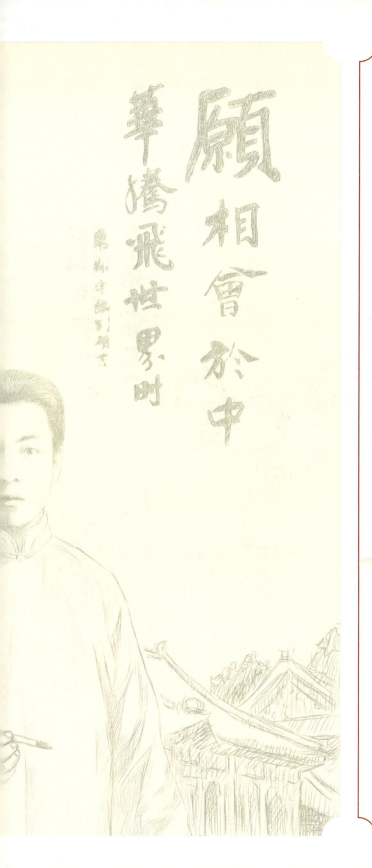

願相會於中

華騰飛世界時

愿将中华迎接于世界

56

愿相会於中
華騰飛世界時

周恩来和郭思宁在一起

三条赠言表志向

　　在东关模范学校读书期间，周恩来和郭思宁同在丁班，又同桌坐了两年。两个人可以说是情同手足，建立了深厚的友谊。郭思宁腿有残疾，行动很不方便，周恩来从不嫌弃他，而是在学习上、生活上处处帮助他、照顾他。无论是上学还是放学的路上，周恩来不怕麻烦，经常扶着郭思宁，有时背着郭思宁一起走。他这样做不是一时一事的行动，两年如一日，他一直都这样无微不至地照顾着郭思宁。

　　1913年春，周恩来从东关模范学校离开了，要随伯父到天津继续求学。他不能再继续照顾郭思宁，两人惜别依依，难分难舍。临行前，他为郭思宁写下临别赠言："同心努力，万里前程指日登。"意思是说，两人要共同努力求学上进，这样，美好的前程就会指日可待！

　　周恩来把真正的友谊看得历久弥

为同学郭思宁题词（一）

坚，决不因时移世易而忘却旧日的朋友。后来，周恩来在南开学校学习4年，又认识了许多同学，结交了许多朋友，但他从来没有忘记远在东北的同学郭思宁。

转眼到了1917年7月，周恩来从南开学校毕业后，决定到东邻国家日本，继续学业，并探索救国救民的真理。

旅日前夕，周恩来专程到东北探望伯父周贻赓一家，并回到沈阳母校同老师、朋友相见话别，他又一次见到了好友郭思宁。4年不见，周恩来更加成熟，眼界也更为开阔，郭思宁也长大了。这一回相见，周恩来又一次为郭思宁写下赠言：一条是"志在四方 翔宇赠"，另一条是"愿相会于中华腾飞世界

为同学郭思宁题词（二）（三）

时 弟翔宇临别预言"。

4年时光，使周恩来的思想有了突飞猛进的变化，这从他给郭思宁的临别赠言中可见一斑。1913年，"同心努力，万里前程指日登"的赠言，更多地表现的是同学之间的互勉，强调实现个人理想的重要；4年以后，周恩来的理想已经远在四方，而且热望着与同学相会于中华腾飞世界的那一天，他的抱负更加高远，他的志向更加宏大。

这三条赠言，郭思宁珍藏了40余年。无论是炮火硝烟的年代，还是白色恐怖弥漫的时期，他都全然不顾，冒着生命危险将这些赠言珍藏在身边。1957年，郭思宁将这些赠言捐赠给中央档案馆。这些珍贵的周恩来青年时代亲笔手迹，见证着周恩来从小立志、为中华腾飞世界而献身的凌云壮志。

57

大江歌罢掉头东，
邃密群科济世穷。
面壁十年图破壁，
难酬蹈海亦英雄。

在东渡日本的邮轮上的周恩来

一字之改

　　周恩来青少年时期喜欢写诗，有部分诗作刊登在南开学校的《敬业》杂志和《觉悟》等刊物上。他以写诗的形式抒发对世事人间的看法和内心的感悟。有人称他为"不是诗人的诗人"。

　　周恩来青年时代写的十几首励志爱国的诗篇已被中央文献出版社编辑出版，读者可以从中了解到他当时的内心世界和思想的变化。

　　周恩来的诗作，流传最为广泛的一首是他1917年赴日本留学途中写的《大江歌罢掉头东》。原诗中写道：

大江歌罢掉头东，

邃密群科济世穷。

面壁十年图破壁，

不酬蹈海亦英雄。

　　到日本后，考学的不顺利，家庭的变故，使他异常苦闷。但他没有被困难压倒。在日本经过一段时间的观察，他对问题

1917年9月，周恩来赴日本求学途中创作的诗《大江歌罢掉头东》

有了新的认识。他在给南开同学的信中写道："家国恨，天下事，不堪一提！极目神州，怆怀已达极点！乃争权者犹红其眼磨其拳，不顾生死，哀哉！苦吾民矣，为之奈何！"

在苦闷与求索中，周恩来有了新的努力方向。他对自己提出要求：

第一，想要想比现在还新的思想；

第二，做要做现在最新的事情；

第三，学要学离现在最近的学问。

思想要自由，做事要实在，学问要真切。

旅日经历，使他的眼界更加开阔，想问题做事更加务实，可以说思想发生了重要的变化。他在离日回国前，对来时所写的《大江歌罢掉头东》一诗做了一字改动，即将最后一句"不酬蹈海亦英雄"，改为"难酬蹈海亦英雄"。周恩来在诗旁写道："右诗乃吾十九岁东渡时所作。浪荡年余，忽又以落第返国图他兴。整装待发，行别诸友。轮扉兄以旧游邀来共酌，并伴以子鱼、幕天。醉罢书此，留为再别纪念，兼志吾意志不坚之过，以自督耳。民国八年三月。"

经过两年时间，诗词的一字之改，增添了诗作的奋进意味。这也是周恩来回国后，能够立即投入轰轰烈烈的五四爱国运动，成为天津学生运动领袖之一的思想动力之一。

58

周恩来（左三）于绍兴同亲友的合影

为故乡青年题词

　　江苏淮安是周恩来的出生地，浙江绍兴则是他的祖籍。

　　周恩来对浙江绍兴怀有一种深切的感情。他在南开中学的学历表中籍贯一栏，一直写的是"浙江会稽人"（会稽，今绍兴）。

　　1939年春天，身为中共中央南方局书记的周恩来，以国民政府军事委员会政治部副部长的公开身份，从重庆来到华东抗日前线，先后向新四军和闽、浙、赣三省党组织传达党的六届六中全会精神，同时，与国民党地方官员广泛接触，共商团结抗日、建立抗日民族统一战线等问题。

周恩来祖居

3月28日凌晨，周恩来偕副官邱南章、警卫员刘九洲乘坐汽轮抵达绍兴。这次周恩来回到绍兴只有短短的三天时间，在繁忙的公务之余，他尽量抽出时间与亲人团聚。周恩来祭祖坟、续家谱，孝敬长辈、关心晚辈，一时之间在周氏族人之间传为佳话。

应亲友的要求，周恩来题词十余幅，分赠亲人和家中的晚辈，勉励他们努力学习，精益求精，要埋头苦干，要有革命斗争精神……

周恩来赠给姑父王子余的题词是岳飞的《满江红》；赠给姻叔王缃尘的题词是："生聚教训廿年，犹未为晚，愿吾叔老当益壮！"

而给家中晚辈，周恩来的题词则集中在学习方面。

他给表弟王觃甫的题词是："埋头苦干，只要抗战胜利，必定苦尽甜来！"给表侄王成的题词是："冲过钱塘江，收复杭嘉湖！"给表弟王云甫的题词是："人人尽力，人人享受，人人快乐，这是大同世界！"指出了革命的光明前途，又说明要达到这个目标，必靠大家努力争取。

给另两位表侄王俭、王京，周恩来分别写下题词。给王俭的是："青年是黄金时代，要学习、学习、再学习！"对王京，他要求："努力学习，精益求精！"

周恩来给表妹王去病的题词是："青年是学习时代，从课堂中学习，从服务中学习，从师友中学习，要认识学无止境！"周恩来还给王去病另写了一幅字，要求她："勿忘鉴湖

为陆与可题词

为表侄王京题词

给表妹王去病的题词

为表侄王德怀题词

女侠之遗风，望为我越东女儿争光！"

周恩来为青年们逐字逐句讲解毛泽东作于1936年的词《沁园春·雪》，勉励家中的青年人勇敢地投身于抗日斗争的洪流中去，将抗战进行到底。

周恩来在家乡广泛接触各界人士，为绍兴的工人、妇女、青年人纷纷题词，如"前途光明""为光明而奋斗""妇女解放须从民族解放中得来"……

周恩来的这些题词，激励家乡的青年们珍惜光阴，向往光明，加紧学习，努力向着抗战的最后胜利前进。

59

周恩来为雷锋题词

不平凡的 3 月 5 日

　　每年 3 月 5 日，热爱周恩来的人们都会以不同的方式纪念这位人民的好总理。同在这一天，人们也会以不同的方式纪念和学习一位年轻的战士 —— 雷锋。

　　雷锋，湖南望城（今长沙市望城区）人，1940 年出生，中国人民解放军战士，1962 年因公殉职，生命定格在 22 岁。

　　雷锋生前受到战友们的夸奖，是因为他对党对祖国有着深厚的感情，为了报答党和国家的培养，他在平凡的工作岗位上做了许多看起来平凡却并不平凡的事情。比如，他出差时在火车上看到列车员繁忙，就主动帮助拖地板、擦窗户，给旅客倒水，帮助有困难的妇女抱孩子，还主动为车厢里的乘客们念报纸。这些事情后来传到部队，大家评论说："雷锋出差一千里，好事做了一火车。"

　　雷锋殉职后，他的事迹被广为传颂。雷锋身上闪烁的这种助人为乐、无私奉献的精神不仅受到身边人的赞美，也引起中央领导同志的高度重视，中央领导认为在雷锋身上体现的这种精神值得大家去学习。

周恩来了解到雷锋因公殉职的消息后，很感慨。他在一次报告会上说：像雷锋同志这样，在和平时期，长期奋斗，不受周围环境的影响，需要有更坚忍不拔的精神，是更值得提倡和学习的。他表示：我也从雷锋同志身上得到了教育。周恩来认为，雷锋的高贵品质，可以总结为这样几句话：坚定的阶级立场，表现在爱憎分明上；充沛的革命精神，表现在学习和工作上；高尚的共产主义风格，表现在公而忘私上；伟大的无产阶级战士，表现在奋不顾身上。

1963 年 3 月 5 日，《人民日报》刊登了毛泽东的题词："向雷锋同志学习"。同一天，《人民日报》还发表了周恩来的题词："雷锋同志是劳动人民的好儿子，毛主席的好战士。"周恩来对身边工作人员说：你们年轻人要向雷锋同志学习，我也同样要向雷锋学习。向雷锋学习，就是要为人民而加倍地工作。他说：这是我的理解。

这一天，恰逢周恩来 65 岁生日。3 月 6 日，这位刚过 65 岁的老人，用苍劲的笔锋第二次为学习雷锋活动题词，内容是："向雷锋同志学习憎爱分明的阶级立场，言行一致的革命精神，公而忘私的共产主义风格，奋不顾身的无产阶级斗志。"周恩来这份亲笔题词诠释了学习雷锋精神的深刻内涵。每年 3 月 5 日纪念雷锋的活动一直延续至今。

向雷锋同志学习
憎爱分明的阶级
立场
言行一致的革命
精神
公而忘私的共产
主义风格
奋不顾身的无产
阶级斗志

周恩来

1963 年 3 月 6 日周恩来号召向共产主义战士雷锋学习的题词

60

周恩来同留苏学生交谈

对留苏学生的期望

1949 年 10 月 1 日，中华人民共和国成立。首先承认新中国的国家，是同样实行社会主义制度的苏联。

10 月 2 日，中华人民共和国成立的第二天，苏联政府致电中国政府，决定同新中国建立外交关系，并互派大使。10 月 3 日，周恩来复电苏联，表示欢迎两国立即建立外交关系并互派大使。

作为同为社会主义国家的大国，苏联在新中国成立初期，与中国保持着友好的互助关系。1949 年 12 月 6 日，中央人民政府主席毛泽东率领随行人员，启程离开北京，乘专列前往苏

毛泽东签署、周恩来副署的新中国第一份国书

联访问。1950 年 1 月 10 日，中央人民政府政务院总理周恩来也率领代表团访问苏联。毛泽东与周恩来的这次访苏，与苏联政府签订了《中苏友好同盟互助条约》等多项双边协定，两国政治、经济、文化方面的交流更加深入。

当时，新中国的第一代留苏学生，听从祖国号召，到苏联学习国内最需要的专业。他们回国后，参与新中国各个领域的建设，发挥着不可替代的作用。据原高等教育部留学生管理司和《百年潮》的统计，从 1950 年到 1965 年，新中国赴苏联留学的各类留学人员达 18000 人左右，在 1978 年之前留学苏联和东欧等地的各类人员中，产生了 200 多位两院院士及知名艺术家。他们中的许多名字，被铭刻在了新中国政治、经济、军事、科学、文化的史册中。

毛泽东、周恩来对留苏学生的学习和生活十分重视与关心。1950 年 2 月 17 日晚 6 时，毛泽东和周恩来在中国驻苏大使馆接见了中国留苏学生。

毛泽东在讲话中，谈到对留苏学生的三点希望：第一，要努力学习，掌握好建设本领；第二，要艰苦奋斗，因为我们的国家还很穷，留学生在生活上不要同苏联同学攀比；第三，要锻炼身体，如果没有好的身体，即使学了很多的知识，将来回国以后也不能为祖国服务。应学地质学的留学生任湘的要求，毛泽东亲笔书写了"开发矿业"四个字。

周恩来在讲话中指出，无产阶级的革命事业需要年轻的一代来继承，鼓励大家努力学习马列主义，学好业务知识，以便

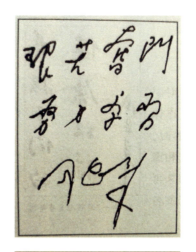

1950 年年初，周恩来给留学生
的题词"艰苦奋斗，努力学习"

将来回国，为革命和建设服务。随后，他为留学生题词："艰
苦奋斗，努力学习。"

　　毛泽东、周恩来的讲话和题词，极大地鼓舞和鞭策着留苏
学生们。他们以极大的热情，怀着为国家富强和民族振兴做贡
献的责任感投入学习中，用自己的汗水和坚毅谱写了中国留学
生的精彩篇章。

后记

本书通过 60 则周恩来励志故事，155 幅插图向读者讲述了周恩来的人生经历，介绍了他宝贵的人生经验，从而帮助读者了解伟人、学习伟人，用伟人的事迹激励自己，用伟人的智慧指导自己，实现自己的人生目标。

这本书能够成功出版，要感谢北京灵坤文化传播有限公司和沈阳周恩来少年读书旧址纪念馆的大力支持，感谢各地"周恩来班"院校领导的关心和支持。在编写中，我们得到了周恩来的亲属周秉德同志和周恩来身边工作人员赵炜、高振普、纪东等前辈的关心和支持；我们还邀请到多年从事周恩来研究的廖心文同志作为本书特邀主编，为本书写了序言，在此一并表示感谢。

此外，还要感谢大鸾翔宇慈善基金会理事长沈清先生积极联系出版给予的帮助。感谢周同庆和周同来姐弟的支持，他们丰富了本书故事并提供了宝贵照片。感谢画家贾文龙老师为本书创作了插图，给本书阅读增添了光彩。

希望这本书能够得到读者的肯定、孩子们的喜欢，为青少年读者树立正确的人生观、价值观，在校园文化传播中发挥应有的作用。

《为中华之崛起而读书：周恩来励志故事》编写组

2024 年 1 月于北京